PETIT COURS PRATIQUE

DE

LANGUE FRANÇAISE

CONTENANT

Des Exercices très-simples et très-faciles, à la
suite de chaque règle,

À L'USAGE DES ÉCOLES PRIMAIRES

et des

CLASSES PRÉPARATOIRES DES LYCÉES ET COLLÉGES

Par M. DELSART

ANCIEN ÉLÈVE DE L'ÉCOLE NORMALE DE DOUAI, PROFESSEUR DE LA
CLASSE PRÉPARATOIRE AU LYCÉE IMPÉRIAL DE DOUAI.

Ouvrage qui a valu à l'auteur

UNE MENTION HONORABLE

à l'Exposition scolaire de Lille, en 1868.

PARIS
LIBRAIRIE CLASSIQUE
DE Mme Vve MAIRE-NYON, QUAI CONTI, No 13.
1868.

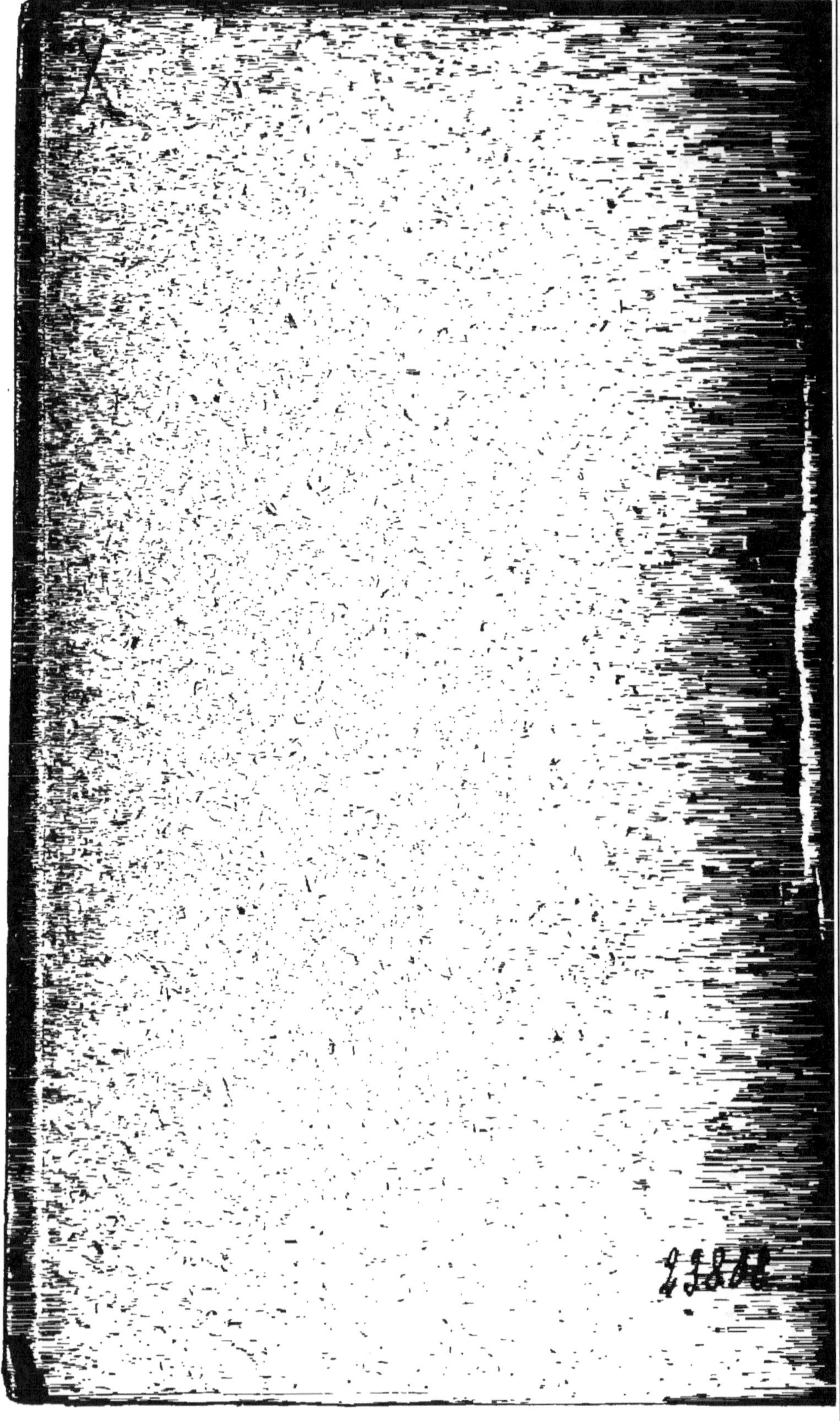

PETIT COURS PRATIQUE

DE

LANGUE FRANÇAISE

CONTENANT

Des Exercices très-simples et très-faciles, à la
suite de chaque règle,

A L'USAGE DES ÉCOLES PRIMAIRES

et des

CLASSES PRÉPARATOIRES DES LYCÉES ET COLLÉGES

Par M. DELSART

ANCIEN ÉLÈVE DE L'ÉCOLE NORMALE DE DOUAI, PROFESSEUR DE LA
CLASSE PRÉPARATOIRE AU LYCÉE IMPÉRIAL DE DOUAI.

Ouvrage qui a valu à l'auteur

UNE MENTION HONORABLE

à l'Exposition scolaire de Lille, en 1868.

L'instruction ne doit arriver que goutte
à goutte dans l'esprit des enfants.
ROLLIN.

PARIS
LIBRAIRIE CLASSIQUE
DE Mme Ve MAIRE-NYON, QUAI CONTI, N° 13.
1868.

AVERTISSEMENT.

—

La distinction obtenue par ce petit livre à l'Exposition scolaire de Lille, et surtout les bons résultats qu'il nous a donnés avec nos propres élèves, nous décident à le publier aujourd'hui. En l'écrivant, nous nous sommes appliqué à être *clair*, *simple* et *méthodique*, qualités qu'on ne saurait trop rechercher principalement quand on s'adresse à des enfants. Nous avons tâché aussi d'éviter dans les exercices ces phrases banales qui ne disent rien au cœur ni à l'esprit : tout, au contraire, dans notre travail, témoigne de notre désir d'instruire et d'intéresser tout à la fois. Nous serions bien récompensé de nos efforts si ces modestes pages pouvaient faciliter à nos collègues l'enseignement si important de la langue française.

Voici, en quelques mots, le plan que nous nous sommes tracé.

L'ouvrage est divisé en trois parties. La première comprend l'étude des diverses espèces de mots moins le *verbe* et le *participe* qui, en raison de leur importance, sont traités dans une seconde partie. Celle-ci doit marcher de pair avec la première dès que les élèves commencent à faire accorder l'adjectif avec le nom.

La troisième partie est un petit traité d'analyse logique et grammaticale, aussi simple que possible et dont le but est de faciliter aux élèves l'accord des mots entre eux, surtout en ce qui concerne le *verbe*, l'*attribut* et le *participe passé*. Il est évident, en effet, qu'on ne peut observer les règles importantes et d'une constantes application, qui régissent ces trois mots, qu'en distinguant facilement les parties constitutives de la proposition. Les nombreux exercices sur l'accord du verbe, de l'attribut et du participe passé rendent indispensable cette troisième partie, qui doit marcher de pair avec la seconde peu après que les élèves ont commencé la conjugaison.

Telle a été, en abrégé, la marche suivie. Pour le surplus, l'examen de l'ouvrage en donnera une idée plus juste que tout ce qui pourrait être dit ici.

LETTRES MAJEURES.

SIGNES ORTHOGRAPHIQUES.

ACCENT AIGU :	ACCENT GRAVE :	ACCENT CIRCONFLEXE :	TRÉMA :	APOSTROPHE
Ex. *vérité*.	Ex. *père*.	Ex. *pêche*.	Ex. *païen*.	Ex. *l'homme*.

CÉDILLE :	TRAIT D'UNION :	GUILLEMETS :	PARENTHÈSES :	TIRET :
Ex. *maçon*.	Ex. *porte-monnaie*.	« »	( )	—

SIGNES DE PONCTUATION.

VIRGULE :	POINT-VIRGULE :	DEUX-POINTS :
,	;	:

POINT :	POINT D'INTERROGATION :	POINT D'EXCLAMATION :
.	?	!

PETIT COURS PRATIQUE

DE

LANGUE FRANÇAISE.

PREMIÈRE PARTIE.

1. La *Grammaire* apprend à parler et à écrire sans faute.

2. Pour *parler* et pour *écrire*, on se sert de *mots*.

3. Les *mots écrits* sont composés de *lettres*.

4. Il y a *vingt-cinq lettres* dans l'alphabet français, savoir :

Six VOYELLES : *a, e, i, o, u, y*.

Dix-neuf CONSONNES : *b, c, d, f, g, h, j, k, l, m, n, p, q, r, s, t, v, x, z*.

REMARQUE.— Quand la lettre **e** ne se prononce pas ou presque pas dans un mot, on l'appelle **e** *muet*.

EXEMPLE : *Marie, élève*.

5. *L'orthographe* consiste à écrire chaque *mot* avec toutes les *lettres* qui doivent le composer.

Par exemple, savoir que pour écrire le mot *enfant*, il faut les lettres *c, n, f, a, n, t*, c'est connaître *l'orthographe* de ce mot.

6. Pour *parler* et pour *écrire* en français, on emploie dix sortes de *mots*, savoir :

Six variables, c'est-à-dire ne s'écrivant pas toujours de la même manière ; ce sont : le *Nom*, l'*Article*, l'*Adjectif*, le *Pronom*, le *Verbe* et le *Participe*.

Quatre *invariables*, c'est-à-dire ayant toujours la même orthographe ; ce sont : la *Préposition*, l'*Adverbe*, la *Conjonction* et l'*Interjection*.

DU NOM.

7. Le *Nom* est un mot qui sert à *nommer* une *personne*, un *animal* ou une *chose*, comme *Pierre*, *cheval*, *livre*.

8. Il y a *deux sortes* de *noms* : le *nom commun* et le *nom propre*.

9. Le *nom commun* est un nom qui convient à toutes les personnes ou à tous les animaux ou à toutes les choses *semblables*, comme *enfant*, *lion*, *maison*.

10. Le *nom propre* est un nom *particulier* qui ne convient pas à toutes les personnes ni à toutes les choses, comme *Jules*, *Paris*, *la France*.

Remarque.—Tout nom *propre* doit commencer par une lettre majeure : *Charles*, *Joseph*, *Henri*.

1er EXERCICE.

Souligner tous les noms.

Exemple : *Dieu* a créé le *ciel*, la *terre*, l'*homme* et tous les *animaux*.

Pendant qu'un jeune prince, d'une course rapide et d'un pied léger, parcourt les sentiers hérissés de buissons, une épine aiguë se fiche dans son pied. Aussitôt le soulier mince est percé, la peau tendre est déchirée, le sang coule : mais à peine le prince sentit la blessure ; il voulait continuer sa promenade et ses jeux. Mais on se hâte de le ramener ; il est porté en carrosse ; les chirurgiens accourent ; ils délibèrent, ils examinent la plaie, ils ne peuvent trouver la pointe de l'épine fatale : nulle douleur ne retarde la démarche du noble enfant ; il rit, il est gai. Le lendemain, il se promène, il court çà et là, il saute comme un faon. (FÉNÉLON).

2e EXERCICE.

Comme le précédent.

L'enfant bien élevé obéit promptement à son père, à sa mère et à ses maîtres. Il se montre bon et obligeant pour ses frères, ses sœurs et ses petits camarades. Il respecte les vieillards et les personnes plus âgées que lui. Enfin il est poli et honnête envers tout le monde.

Chez les étrangers et même chez ses parents, il a soin de ne monter ni sur les chaises ni sur les fauteuils ni sur les tables, et de ne pas glisser ni cracher sur le parquet. Il n'interrompt pas la conversation, mais il s'instruit en écoutant les personnes qui parlent.

Un enfant, quand il est sensé, comprend aussi qu'il se rendrait ridicule s'il disait : ma maison, mon jardin, mon cheval, ma voiture, mon domestique ; car il n'ignore pas que tout cela appartient à ses parents et non à lui. En un mot, l'enfant raisonnable profite des bons conseils qui lui sont donnés afin d'être en tout et partout un petit garçon aimable, gentil et modeste.

3e EXERCICE.

Mettre p après chaque nom de personne, a après chaque nom d'animal, et c après chaque nom de chose.

Ex. : Pierre, *p.* léopard, *a*, encrier, *c.*

Charpentier, tailleur, porte, cheval, paletot, gilet, Henri, écureuil, gendarme, Joseph, chaise, charbon, Napoléon, mouton, chien, lampe, menuisier, lapin, éléphant, verre, Julie, Mathilde, tigre, panthère, lit, maison, vache, plafond, cultivateur, chat, Philippe, bretelle, bouton, ouvrier, livre, pantoufle, bœuf, Louis, tapis, maçon, pantalon, cordonnier, montre, bijou, jument, poule, coq, blanchisseuse, Marie.

4ᵉ EXERCICE.

Trouver et écrire six noms de personnes, six noms d'animaux et six noms de choses.

5ᵉ EXERCICE.

Indiquer les noms de personnes, d'animaux et de choses par l'une des lettres **p**, **a**, **c**, *mise entre ( ) après chaque nom.*

Ex.: Je reconnais le cheval (*a*) et la voiture (*c*) de ton cousin (*p*) Alfred (*p*).

Le grand Louis et le petit Pierre étaient deux amis inséparables. Quand on apercevait l'un, on était sûr que l'autre ne pouvait être bien loin. Levés de grand matin, leur plaisir était de parcourir les champs, cherchant, selon la saison, les nids, les œufs, les petits oiseaux, les hannetons, les papillons, les bluets et les coquelicots. Monter sur les épaules de grand Louis, grimper sur un arbre, atteindre à la plus haute branche, y saisir, malgré les cris de la pauvre mère, la jeune nichée gémissante, la poser délicatement dans sa blouse et descendre triomphalement, tout cela demandait à petit Pierre quelques minutes à peine.

6e EXERCICE.

Suite du précédent.

Ce qui demandait encore moins de temps à ces deux malheureux enfants, c'étaient les devoirs et les leçons, car ils ne s'en occupaient aucunement. Ils se rendaient en classe sans avoir touché une plume ni ouvert un livre. Grand Louis avait oublié son encrier et petit Pierre avait perdu son cahier. Qu'arrivait-il alors ?.... Le maître grondait et punissait. Les deux élèves paresseux allaient en retenue ; on les privait des congés du jeudi et du dimanche et de plus, ils recevaient de leurs parents des réprimandes au lieu de friandises.

Ne les imitez pas, mes petits amis, travaillez à vous instruire pendant les heures consacrées au travail : vous prendrez part ensuite de bon cœur aux jeux de la récréation.

7e EXERCICE.

Distinguer les noms communs et les noms propres.
Mettre n. c. *à la suite des noms communs et* n. p. *à la suite des noms propres.*

Ex.: *Maçon*, n. c. *Julie*, n. p.

Jardinier, Joseph, Louise, serrurier, moineau, poirier, Jules, sabot, Alexandre, Eugénie, papier, veau, cerisier, Thérèse, abricot, Jean, alouette, pinson, Théophile, Henri, dentelle, Emile, chêne, drap, Hortense, argent, classe, fenêtre, lion, réfectoire, André, Georges, dortoir, parloir, Amandine, képi, Léon, toupie, marteau, Pierre, pierre, Paris, Auguste, chèvre, Charles, brebis, règle, âne, Ernest, Félix, portier, tambour, Alexis, épicier, barbier, Léocadie, cuiller, Amédée, Eugène, fourchette, Victor, serviette.

8e EXERCICE.

Indiquer entre ( ) après chaque nom s'il est commun ou propre. Se servir comme précédemment des abréviations **n. c.** *et* **n. p.**

Ex. : La Seine (*n. p.*) est un grand fleuve (*n. c.*) qui passe à Paris (*n. p.*).

1. Saint Louis, roi de France , était, par sa bonté, le père autant que le souverain de la nation.

2. Napoléon, empereur des Français, mourut à l'île Sainte-Hélène, après avoir vaincu tous les peuples de l'Europe.

3. Jésus-Christ eut la vierge Marie pour mère , et saint Joseph pour père nourricier.

4. La pomme de terre est originaire d'Amérique ; c'est Parmentier qui l'importa dans notre pays.

5. Noé eut trois enfants : Sem, Cham et Japhet.

6. C'est le savant moine Gerbert qui inventa la première horloge à balancier et qui fit connaître en France les chiffres arabes.

9e EXERCICE.

Trouver et écrire dix noms communs et dix noms propres.

DU GENRE.

11. Les noms se divisent en deux grandes *classes* appelées *genres* : le *genre masculin* et le *genre féminin.*

GENRE MASCULIN.

1° Tous les noms d'*hommes* et d'animaux *mâles* sont du genre *masculin : Louis, un cheval.*

2º Tous les noms de choses devant lesquels on peut mettre *le* ou *un* sont aussi du genre *masculin*.

Ainsi *livre* et *crayon* sont du *masculin* parce qu'on peut dire : *le* livre, *un* livre ; *le* crayon, *un* crayon.

GENRE FÉMININ.

1º Tous les noms de *femmes* et d'animaux *femelles* sont du genre *féminin* : *Marie*, une *vache*.

2º Tous les noms de *choses* devant lesquels on peut mettre *la* ou *une* sont aussi du genre *féminin*.

Ainsi *maison* et *plume* sont du *féminin* parce qu'on peut dire : *la* maison, *une* maison ; *la* plume, *une* plume.

10ᵉ EXERCICE.

Indiquer par **m** *les noms masculins et par* **f** *les noms féminins.*

Ex. : Empereur, *m.* Joséphine, *f.*

Paul, maçon, souris, plume, cravate, gymnase, lingère, blouse, coq, canard, Lucie, livre, oie, bœuf, pot, chapeau, tunique, Henri, bêche, jardin, élève, institutrice, groseillier, Jacques, professeur, prunier, framboise, cerise, dictionnaire, poêle, casquette, François, rose, Japhet, Eve, armoire, jeudi, Sara, Albert, chemise, flanelle, trapèze, redingote, visage, assiette, Gaston, bol, cultivateur, sœur, Maurice, fauvette.

11ᵉ EXERCICE.

Comme le précédent.

Arrosoir, escarpolette, seau, pension, lycée, collége, salade, crayon, perche, bibliothèque, brosse, gant, éponge, savon, piano, ceinture, calepin, vitre, marraine, parrain, tante, paon, carreau, violon, chenille, piston, trombonne, gare, vagon, locomotive, Céline, bâton, Hippolyte, Philomène, requin, baleine, filleul, église, autel, crucifix, chaire, cloche, prêtre, neveu, leçon, gazon, retenue, poutre, pain, couteau, tabatière, tiroir, bouteille, chirurgien, ver, verre.

12ᵉ EXERCICE.

Trouver et écrire cinq noms masculins puis cinq noms féminins 1° de personnes, 2° d'animaux, 3° de choses.

13ᵉ EXERCICE.

Indiquer entre ( ) après chaque nom s'il est commun ou propre, masculin ou féminin.

Ex. : Saint Louis (*p. m.*) roi (*c. m.*) de France (*p. f.*) eut pour mère (*c. f.*) la pieuse reine (*c. f.*) Blanche (*p. f.*)

Jacob était chéri de Rébecca pour laquelle il avait aussi une grande affection. Ce fut sur les conseils de sa mère qu'il abandonna la maison de son père Isaac et partit pour la Mésopotamie lorsque le terrible Esaü, après avoir mangé les lentilles de son frère, voulut le tuer.

Jacob avait, dans ce pays, un oncle, nommé Laban, chez lequel il demeura vingt ans. Pendant ce temps considérable, il augmenta beaucoup, par son travail, les richesses de Laban qui l'en récompensa en lui donnant de nombreux troupeaux et en lui accordant la main de Rachel, l'une de ses filles. Déjà, Jacob avait épousé Lia, sœur aînée de Rachel, et il prit encore pour femmes, leurs servantes, Zelpha et Bala ; car chez les peuples anciens, il était permis à un homme d'avoir plusieurs femmes en même temps. Après avoir contracté ces divers mariages, Jacob partit avec toute sa famille pour la terre de Chanaan.

DU NOMBRE.

12. Le *nombre* indique si l'on parle d'une seule ou de plusieurs personnes, d'une seule ou de plusieurs choses.

13. Il y a donc deux *nombres* : le *singulier* et le *pluriel*.

14. Le nom est au singulier s'il désigne une *seule* personne ou une *seule* chose : *un* élève, *une* table.

15. Le nom est au pluriel s'il désigne *plusieurs* personnes ou *plusieurs* choses : *des* élèves, *des* tables.

14ᵉ EXERCICE.

Indiquer par s les noms du singulier et par p les les noms du pluriel.

Ex. : La table, *s*, des frères, *p*.

Les escaliers, la pompe, l'asphalte, les peignes, la clef, les briques, le poing, la morue, les harengs, les sardines, la dent, un centime, le tilleul, ces marronniers, des saules, le thon, des taons, la herse, ces timbales, les fourmis, une araignée, la haie, des bœufs, le beurre, le fromage, notre chambre, vos chevaux, du vin, la bière, des tonneaux, une charrue, le cidre, trois francs, la chaîne, les chênes, les serins, la lampe, le café, les gobelets, ta casquette, ces mouchoirs, ma cravate, mes gants, son chapeau, une cave, des cahiers, un dictionnaire, des maisons, des cheminées, une rue, le pavé, des murailles.

Formation du pluriel dans les noms.

16. RÈGLE GÉNÉRALE. — Pour mettre un nom *au pluriel*, on ajoute *s* à la fin de ce nom : l'*enfant*, les *enfants*, une *pomme*, des *pommes*.

15e EXERCICE.

Mettre au pluriel les noms suivants.

Ex. : Le fruit, *plur.* les fruits.

La serrure, le rempart, un rosier, le jardinier, une écurie, une carafe, le moulin, la brouette, un soldat, un officier, le capitaine, un chiffre, le poêle, une image, l'ardoise, la tuile, le chevron, un carrossier, la charrette, le chariot, un paysan, une carotte, un navet, la carpe, un brochet, une tapisserie, la toupie, le crayon, un gilet, la promenade, un képi, un maître, le champ, le chant, le camp, une armée, la bataille, la victoire, une ville, un bourg, le village, le hérisson, la meule, un toit, une gerbe, l'ouvrier, le moissonneur, l'épi, un boulanger.

16e EXERCICE.

Comme le précédent.

Le menton, un cordon, une salière, un bouchon, le dessert, le désert, la sonnette, une saucisse, le plat, la jambe, la cuisse, le pied, un orteil, la lèvre, un ruban, une étoffe, le drap, un banc, l'arbre, le froid, la saison, une mère, le maire, la mer, un trottoir, une dictée, la composition, un rat, le poulain, un hôtel, la betterave, l'œillette, le colza, une porte, une fenêtre, le juge, un jour, une semaine, une année, un siècle, le doigt, un ongle, le sourcil, le front, la joue, la gencive, le pigeon, le roitelet, un coq, un poulet.

17e EXERCICE (1).

Remplacer les points par le nom qui suit en l'écrivant au nombre voulu.

---

(1) Cet exercice et le suivant sont extraits, sauf quelques modifications, de l'excellent livre de M Jeannel *Petit Jean.*

Ex. : Un... (élève) soigneux n'arrive jamais en... (classe) sans son... (encrier), ses... (plume), son... (cahier) et ses... (livre).

Ecrivez : Un élève soigneux n'arrive jamais en classe sans son encrier, ses plumes , son cahier et ses livres.

Qui de vous, mes petits.... (ami) se doute de la.... (peine), des.... (soin) que demande la.... (construction) d'une.... (maison)? Il faut d'abord creuser la.... (terre) aux.... (endroit) où l'on veut bâtir les.... (mur) puis poser des.... (pierre) ou des.... (brique) dans ces.... (trou) qui sont comme des.... (fossé) très-profonds et très-étroits. Sur ces.... (pierre) on en met d'autres avec du.... (mortier) et ainsi de suite. Les.... (muraille) commencent donc très-bas dans la.... (terre) et cela a lieu afin de rendre le.... (bâtiment) plus solide. Si l'on bâtissait simplement sur la.... (terre), les.... (mur), quand ils auraient atteint une certaine... (hauteur) ne manqueraient pas de s'y enfoncer plus d'un.... (côté) moins d'un autre, comme les ... (charrette) lourdement chargées enfoncent leurs.... (roue), et alors la.... (maison) ne tarderait pas à s'écrouler.

18ᶜ EXERCICE.

Suite du précédent.

En élevant les.... (mur), il faut y laisser des.... (ouverture) pour les.... (porte) et les.... fenêtre), et on arrive ainsi à la.... (hauteur) du premier.... (étage). Alors les.... (charpentier) remplacent les.... (maçon) et posent les.... (poutre) qui doivent supporter les.... (plancher). Les.... (maçon) continuent ensuite à élever les.... (mur) jusqu'au.... (grenier). Puis les.... (charpentier) reviennent poser les.... (chevron) qui forment la.... (charpente) du.... (toit). Sur ces.... (chevron on cloue des.... (planche) légères sur lesquelles les....

(couvreur) placent les.... (ardoise) ou les..... (tuile) qui couvrent la.... (maison) et empêchent la.... (pluie) d'y entrer.

Ce n'est pas tout encore. Les.... (menuisier) font les.... (porte), les.... (fenêtre), les.... (contrevent), les.... (plancher). Les.... (serrurier) mettent les.... (serrure), les.... (espagnolette), les.... (verrou), les.... (gond), les.... (charnière), qui servent à faire tourner les.... (fenêtre) et les.... (porte). Enfin, les.... (peintre) viennent peindre les.... (mur), les.... (plafond) et aussi toutes les.... (boiserie) pour les rendre plus propres et plus durables. C'est alors seulement que le.... (propriétaire) de la nouvelle.... (habitation) peut s'y loger commodément.

<h3 align="center">19e EXERCICE.</h3>

Changer le nombre.

Ex. : Le fauteuil, *plur.* les fauteuils. Les portes, *sing.* la porte.

L'homme, une bergère, des hirondelles, le balcon, des lettres, les caniches, un secret, la faute, la punition, des pianos, la corbeille, des sacs, le singe, des bouquets, la langue, les minutes, les heures, la fleur, les fagots, le fumier, le pré, les étoiles, la tête, le tronc, les branches, la feuille, la toile, des crochets, les balais, une poire, une cerise, des marrons, une fraise, les groseilles, un légume, les cordonniers, un caleçon, les bains, des gigots, un sabre, une épée, les fusils, un éclair, un orage, les paratonnerres, des parapluies, les nuages, les paupières, l'abeille, une ruche.

<h3 align="center">20e EXERCICE.</h3>

Comme le précédent.

Un jambon, la gaufre, des îles, les montagnes, les

océans, le fleuve, les rivières, un lac, le musicien, les ennemis, une robe, les habits, l'orphelin, les tuteurs, un dentiste, le peuple, des bûcherons, une nuit, un moucheron, les poisons, les poissons, un fantôme, les châtiments, le bruit, un vêtement, un poignard, des agrafes, les évêques, le missionnaire, une aile, des vignes, les chevilles, le talon, la mouche, des pages, une ligne, la nue, les sangliers, la laie, la louve, les semelles, une tarte, les poêles, les poils, la pâte, la patte, une tache, les truies, une truite, des quinquets.

21ᵉ EXERCICE.

Comme le précédent.

Une récompense, des pains, le pin, le sapin, les chasseurs, une habitude, les lois, la biche, le faon, la laitue, les giroflées, des poignets, une épaule, les artichauts, le ventre, un canif, les tourterelles, les sansonnets, la houlette, un manche, les serpes, la vaisselle, des saignées, les saltimbanques, une sauce, le serment, des sarments, une scie, une conscience, les racines, l'air, une aire, le jeudi, les dimanches, un samedi, les lundis, des puces, un regret, les roues, l'écorce, les écales, une écaille, une huître, les moules, un four, les pelles, une galette, une reine, les pâturages, les pouces.

Exception à la règle générale de la formation du pluriel dans les Noms.

12. 1ʳᵉ EXCEPTION. — Les noms terminés au singulier par s, x ou z s'écrivent au *pluriel* comme au *singulier* : le fils, les fils ; la noi*x*, les noi*x* ; le ne*z*, les ne*z*.

22ᵉ EXERCICE.

Mettre au pluriel les noms suivants.

Ex. : Le puits, les puits.

La brebis, le matelas, le dos, une souris, le repas, un mets, le mois, une voix, le tapis, un bas, la croix, un crucifix, un pays, l'ours, le corps, un sens, un os, le velours, le temps, le nez, une noix, un atlas, un marais, un prix, un gaz, le bourgeois, un fils, le radis, une perdrix, le pois, le poids, un Français, un Anglais, le lis, le volubilis, un vasistas, le riz, une vis, le houx, le salsifis, le remords, un logis, un engrais, un époux, un torticolis, le palais, un choix, le procès, une faux, le bras.

18. 2ᵉ EXCEPTION.—Les noms en **au** comme *couteau*, et en **eu** comme *cheveu*, se terminent par **x** au *pluriel* : le couteau, les couteau*x* ; le cheveu, les cheveu*x*.

19. Il y a aussi *sept* noms en **ou** qui prennent un **x** au *pluriel* ; ce sont : bijou, caillou, chou, genou, hibou, joujou et pou, qui s'écrivent au *pluriel* : bijoux, cailloux, choux, genoux, hiboux, joujoux et poux.

20. Les autres noms en **ou** prennent **s** au *pluriel*, selon la règle générale : un sou, des sous ; un trou, des trous.

REMARQUE.—Les noms houx (sorte d'épine), époux, courroux, saindoux et toux se terminent par **x** au *singulier* comme au *pluriel*.

23ᵉ EXERCICE.

Mettre au pluriel les noms suivants.

Ex. : Le jeu, *plur.* les jeux ; le cerceau, *plur.* les cerceaux.

Le manteau, le couteau, le marteau, un adieu, le chou, un chevreau, le tuyau, le tableau, un carreau, le pinceau, un cheveu, le feu, un copeau, la peau, le joujou, le bureau, un vaisseau, un bateau, le genou , le caveau, le taureau, le veau, un seau, le gâteau, le hibou, un essieu, le château, le chameau, le chapeau, un bijou, le fourreau , un pieu, le poteau , le rideau, un vœu , l'eau , le moineau , le corbeau , l'aveu , un caillou, le tombeau, un lieu, le hameau , le drapeau, le neveu, un pou, un écriteau, le monceau, un morceau, un oiseau.

21. 3e Exception.—Les noms en **al**, comme *cheval*, forment leur *pluriel* en changeant **al** en **aux** : le cheval, les chevaux ; le canal, les canaux.

22. Cependant plusieurs noms en **al** prennent **s** au *pluriel*. Ainsi l'on dit et l'on écrit : des bals, des carnavals, des chacals, des régals, des cals.

23. 4e Exception.—*Sept* noms en **ail** forment leur *pluriel* en changeant *ail* en *aux*. Ce sont : *ail* (espèce d'oignon), *bail* (écrit pour louer une propriété), *corail* (substance rouge qu'on tire de la mer), *émail* (sorte de vernis vitreux) , *soupirail* (ouverture pour aérer une cave) , *travail* (exercice du corps ou de l'esprit) , *vantail* (chaque partie d'une porte s'ouvrant par le milieu), qui font au *pluriel* : aulx , baux , coraux , émaux, soupiraux, travaux, vantaux.

24. Les autres noms en **ail** prennent **s** au *pluriel*, selon la règle générale : un éventail, des éventails.

Remarque.—On peut dire au *pluriel :* des ails ou des aulx.

25. 5e Exception. — Aïeul, ciel, œil , font au *pluriel :* aïeux, cieux, yeux.

24e EXERCICE.

Mettre au pluriel les noms suivant.

Ex. Un hôpital, des hôpitaux.

Le cheval, le maréchal, le général, un caporal, le travail, un journal, un arsenal, l'aïeul, un cardinal, le canal, le ciel, un soupirail, le local, le tribunal, un bail, l'œil, le métal, un émail, le mal, un original, l'amiral, un vantail, un animal, un étal, le corail, le cristal, un brutal, le végétal, le signal, le minéral, l'ail, le bocal, le bal, le total, un principal, le chacal, le confessionnal.

Récapitulation sur la formation du pluriel dans les Noms.

25e EXERCICE.

Mettre au pluriel les noms suivant.

Le bonbon, une dragée, le noyau, un conseil, un bienfait, le compas, un agneau, le dahlia, une noix, le pouls, un pou, la sangsue, une mite, le hibou, un sou, un époux, une boîte, un hôpital, un œil, le laquais, un champignon, un arbrisseau, le cheval, la mésange, le lépreux, un cheveu, l'école, un soupirail, un sot, un saut, un bal, un bail, un éventail, un héros, un zéro, le sapajou, un œuf, un nez, un lieu, une lieue, le rhinocéros, un hangar, un cal, le ciseau, le corps, le cor, le tonneau, une taupe, le trou, le chou.

26e EXERCICE.

Comme le précédent.

Un tombereau, la moustache, le festin, un aïeul, le cadenas, la pie, le pis, un fardeau, un épouvantail, le travail, un tamis, le lac, un lacs, une grappe, le ciel, un clou, le lot, la chaumière, le genou, un grès, la voix, la réprimande, le caporal, le cygne, un signe, le troupeau, un rhume, le fou, le portail, un sirop, l'eau, l'ail, un catarrhe, le cataplasme, un ruisseau, le cyprès, un abus, le chacal, la lionne, un journal, le joujou, le coucou, le houx, la houe, le lilas, un gâteau, le bec, un gaz, le cavalier, un râteau.

27ᵉ EXERCICE.

Changer le nombre.

Les calorifères, le photographe, des calepins, une croix, des cailloux, des toux, une roue, le cou, des coups, des cadeaux, un mât, des almanachs, les succès, une statue, les hypocrites, un anneau, le papillon, des avis, les brebis, les animaux, le corail, un régal, des perdrix, les figues, des propos, le bonnet, un soulier, les pantoufles, des tapis, un tiroir, le bateau, l'armoire, des habits, une manche, les serrures, les peaux, un pot, une casserole, l'omelette, les pieds, des poids, le velours, les chevaux, un franc, un centime, les yeux, un clou, le genou, le carnaval, l'horloge.

28ᵉ EXERCICE.

Comme le précédent.

Une bouteille, une clef, des bas, les gants, un banc, des écoliers, les hameaux, l'œil, une copie, les caporaux, les cheveux, les nez, des os, un miroir, le cahier, le peigne, des crayons, le journal, un mercredi, les mois, un trimestre, un semestre, une photographie, les siècles, un hibou, des époux, un garçon, une semelle, le tableau, des soupiraux, l'ail, un carreau, le ciel, la voie, une voix, les paletots, les chaisses, l'habitude, les sœurs, un voyage, le képi, des prix, les matelas, une addition, les leçons, un chiffre, l'araignée, des généraux, un filou, des phrases.

29º EXERCICE.

Indiquer en abrégé le genre et le nombre de chaque nom.

Ex. : Le chariot, *m. s.* les rues, *f. p.*

La muraille, des vieillards, le hanneton, la chaux, un chêne, une chaîne, des caisses, mon père, la gare, le marchand, les chenilles, du plomb, les dortoirs, les réfectoires, le parloir, une ânesse, les mouchoirs, les blouses, cet escalier, notre cheval, une tigresse, des éléphants, votre maison, les briques, une retenue, mon gilet, ces fenêtres, quatre élèves, le maître, trois mètres, une semaine, la charité, des lignes, les doigts, votre parapluie, un cahier, les chambres, les noyers, la laine, des soirées, des édredons, un bouton, la barbe, nos parents, les vêpres, trois hommes, une dent, des abricots, un jeudi, des cerises.

30º EXERCICE.

Comme le précédent.

Une page, les marges, le chandelier, des bougies, les haricots, la jambe, les troupeaux, un bœuf, le porc, des huîtres, un nœud, cette lettre, vos encriers, ta plume, ses cravates, un gilet, mon habit, une cha-pelle, les calepins, les chemises, ma sœur, votre mère, des couteaux, la clef, des légumes, l'encre, l'air, mon pantalon, ces moineaux, les vacances, les richesses, le rossignol, un aigle, les enfants, du thé, la panthère, le lycée, des choux, vos toupies, des bibliothèques, la baleine, le rat, les roitelets, les menuisiers, les cheminées, des groseilles, ce jardin, votre bague, les animaux, les rivières.

DE L'ARTICLE.

26. *L'article* est un petit mot que l'on met le plus souvent devant les *noms communs*.

27. Les articles sont : **le**, **la**, **les**, **du**, **des**, **au**, **aux**.

31ᵉ EXERCICE.

Souligner les articles.

Le retour des oiseaux au printemps est le premier signal et la douce annonce du réveil de la nature vivante ; et les feuillages renaissants, et les bocages revêtus de leur nouvelle parure, sembleraient moins frais et moins touchants sans leurs nouveaux hôtes.

De ces hôtes des bois, les fauvettes sont les plus nombreuses comme les plus aimables. Ces jolis oiseaux arrivent au moment où les arbres développent leurs feuilles et commencent à laisser épanouir leurs fleurs. Ils se dispersent dans nos campagnes, les uns viennent habiter nos jardins qu'ils préfèrent aux avenues et aux bosquets ; les autres s'enfoncent dans les grands bois ou se cachent au milieu des roseaux. Ainsi les fauvettes remplissent tous les lieux de la terre qu'elles animent par les mouvements et les accents de leur tendre gaieté.—(D'après BUFFON).

28. **Du** est mis pour *de le* ; **des** pour *de les* ; **au** pour *à le* ; **aux** pour *à les*. Ainsi l'on dit : La parole *du* père, *pour :* la parole *de le* père. Les livres *des*

élèves, *pour* : les livres *de les* élèves. Je vais *au* collége, *pour* : je vais *à le* collége. La modestie convient
aux enfants, *pour* : la modestie convient *à les* enfants.

29. Les articles **du, des, au, aux,** sont donc
formés par la réunion ou *contraction* de deux mots :
c'est pourquoi on les appelle articles *contractés*.

30. Le et la sont quelquefois remplacés par **l'**.
Ainsi l'on dit : *L'*homme, pour : *le* homme ; *l'*âme,
pour : *la* âme.

31. Dans ce cas, **l'** s'appelle article *élidé*, à cause
de la suppression ou *élision* de la lettre **e** ou **a**.

32e EXERCICE.

*Souligner tous les articles en mettant un **c** sur les
articles contractés, et un **e** sur les articles élidés.*

Une admirable providence se fait remarquer dans
les nids des oiseaux. On ne peut contempler, sans
être attendri, cette bonté divine qui donne l'indus-
trie au faible et la prévoyance à l'insouciant.

Aussitôt que les arbres ont développé leurs fleurs,
mille ouvriers commencent leurs travaux. Ceux-ci
portent de longues pailles dans le trou d'un vieux
mur, ceux-là maçonnent aux fenêtres d'une église ;
d'autres dérobent le brin de laine que la brebis a
laissé suspendu aux ronces du chemin. Mille palais
s'élèvent, et chaque palais est un nid ; chaque nid
contient un œuf brillant, ensuite un petit couvert du
plus fin duvet. Peu à peu, les plumes viennent au
nourrisson ; sa mère lui apprend à se soulever sur sa
couche. Bientôt il va jusqu'à s'approcher du bord de
son berceau, d'où il jette un premier coup d'œil sur
la nature. Effrayé et ravi, il se précipite parmi ses

frères qui n'ont point encore vu ce spectacle ; mais rappelé par la voix de ses parents , il sort de sa couche, et ce jeune roi des airs ose déjà contempler l'immense ciel, l'ondoyante cime des pins, et les abîmes de verdure au-dessous du chêne paternel. — (D'après CHATEAUBRIAND).

32. RÈGLE D'ACCORD. — *L'article* s'accorde en *genre* et en *nombre* avec le nom auquel il se rapporte.

Ex. *Le* père. *Le* est du *masc. sing.* parce qu'il se rapporte à *père* qui *masc. sing.* — *Les* histoires. *Les* est du *fém. plur.* parce qu'il se rapporte à *histoires* qui est du *fém. plur.*

33ᵉ EXERCICE.

Indiquer entre (   ) après chaque article quel en est le genre et le nombre.

Je ne puis ouvrir les yeux, sans admirer l'art qui éclate dans toute la nature. Le moindre coup d'œil suffit pour apercevoir la main qui fait tout : la succession régulière des jours et des nuits, que fait-elle entendre ? Le soleil ne manque jamais, depuis tant de siècles, à servir les hommes, qui ne peuvent se passer de lui. L'aurore n'a pas encore manqué une fois d'annoncer le jour qu'elle commence à point nommé, au moment et au lieu réglés. Le jour est le temps de la société et du travail; la nuit, enveloppant de ses ombres la terre, finit tour à tour toutes les fatigues et adoucit toutes les peines. Elle suspend, elle calme tout ; elle répand le silence et le sommeil; en délassant les corps, elle renouvelle les esprits. Bientôt le jour revient, pour rappeler l'homme au travail et pour ranimer toute la nature. — FÉNÉLON.

DE L'ADJECTIF.

33. Il y a *cinq* sortes d'adjectifs, savoir : les *adjectifs qualificatifs*, les *adjectifs démonstratifs*, les *adjectifs possessifs*, les *adjectifs numéraux* et les *adjectifs indéfinis*.

DES ADJECTIFS QUALIFICATIFS.

34. Les *adjectifs qualificatifs* sont ceux qui indiquent les *qualités* des personnes ou des choses.

Ex. : Le bon père ; le mot *bon* indique la *qualité* du père ; c'est un *adjectif qualificatif.*

REMARQUE. — On reconnaît facilement qu'un mot est *adjectif qualificatif* quand on peut y joindre le mot *personne* ou *chose*. Ainsi *honnête* et *utile* sont des *adjectifs qualificatifs* car on peut dire *personne honnête, chose utile.*

34ᵉ EXERCICE (1).

Souligner les adjectifs qualificatifs.

Il y a en Egypte des lacs d'où l'on tire depuis les temps les plus anciens de la soude en gros morceaux. Des marchands qui transportaient de cette soude dans un bateau sur un fleuve, descendirent à terre afin de préparer leur modeste repas. Ne trouvant pas là de pierres convenables pour soutenir leurs marmites, ils se servirent de morceaux de soude qu'ils posèrent sur le sable fin du rivage et allumèrent un grand feu. Il est probable qu'un vent violent rendit ce feu très

---

(1) Emprunté au livre de M. Jeannel : *Petit-Jean.*

actif, car bientôt la soude et le sable chauffés ensemble se fondirent, et les marchands attentifs virent couler de petits ruisseaux d'une belle couleur rouge comme du feu qui, en se refroidissant, devenait dure et transparente : c'était du verre. Ces marchands remarquèrent cela ; on prit un mélange de soude et de sable qu'on fit fondre exprès ; enfin on vit qu'on pouvait donner à la liqueur qui en provenait les formes les plus diverses, et qu'en se refroidissant elle gardait la forme exacte qu'on lui avait donnée. Voilà comment on a trouvé le verre.

Formation du féminin dans les adjectifs.

35. RÈGLE GÉNÉRALE. — On forme le *féminin* d'un adjectif en y ajoutant un **e** muet : grand, grand*e* ; joli*e*.

REMARQUE.—Les adjectifs déjà terminés au *masculin* par **e** muet, comme juste, aimable, s'écrivent au *féminin* comme au *masculin*.

35ᵉ EXERCICE.

Mettre au féminin les adjectifs suivants.

Ex. : Petit, *fém.* petite.

Content, blond, haut, pur, utile, raisonnable, bienfaisant, certain, jeune, vert, rouge, poli, riche, grand, bleu, dur, mûr, ridicule, égal, adroit, méchant, commun, rare, excellent, mauvais, étourdi, obscur, lointain, négligent, parfait, noir, facile, difficile, étroit, clair, lent, nuisible, joli, propre, droit, gauche, important, indulgent, entêté, humain, puissant, faible, menu, brutal, simple.

Exception à la règle générale de la formation du féminin dans les adjectifs.

36. 1ʳᵉ EXCEPTION. — Les adjectifs en **er**, comme *léger*, prennent au féminin un **e** muet et un *accent grave* sur l'**e** qui précède la lettre **r** : *léger, légère.*

37. 2ᵉ EXCEPTION. — Les adjectifs en **f**, comme *vif*, changent **f** en *ve* au féminin : *vif, vive.*

38. 3ᵉ EXCEPTION. — Les adjectifs en **x**, comme *joyeux*, changent **x** en *se* au féminin : *joyeux, joyeuse.*

Cependant *doux, faux, roux*, font *douce, fausse, rousse.*

36ᵉ EXERCICE.

Mettre au féminin les adjectifs suivants.

Fier, vif, courageux, honteux, captif, instructif, étranger, paresseux, doux, bref, particulier, délicieux, silencieux, naïf, attentif, amer, joyeux, entier, malheureux, fâcheux, cher, roux, craintif, passager, grossier, jaloux, religieux, curieux, nombreux, oisif, plaintif, capricieux, veuf, précieux, noueux, tardif, familier, actif, affreux, léger, faux, ténébreux, tortueux, régulier, heureux, chetif, hideux, neuf, soigneux, rétif.

39. 4ᵉ EXCEPTION. — Les adjectifs en **el**, comme *cruel*, en **eil**, comme *pareil*, en **en**, comme *ancien*, et en **et**, comme *muet*, doublent au féminin leur dernière consonne avant l'**e** muet : cruel, *cruelle*; pareil, *pareille*; ancien, *ancienne*; muet, *muette.*

40. Les adjectifs *bon, bas, gras, las, gros, épais, gentil, sot, nul*, doublent aussi leur dernière consonne avant l'**e** muet et font au féminin, *bonne, basse, grasse*, etc.

Remarque. — *Six* adjectifs en **et** ne doublent pas le **t** au féminin, mais prennent simplement un **e** muet et un *accent grave* sur l'**e** qui précède le **t**. Ce sont : *complet, concret, discret, inquiet, replet, secret,* qui font au féminin : *complète, concrète,* etc.

37ᵉ EXERCICE.

Mettre au féminin les adjectifs suivants.

Cruel, naturel, vermeil, chrétien, ancien, muet, net, bas, nul, éternel, complet, gros, gentil, habituel, parisien, bon, fluet, artificiel, gras, pareil, inquiet, païen, sot, coquet, secret, blet, continuel, manuel, las, mitoyen, moyen, violet, discret, annuel, trimestriel, mensuel, quotidien, cadet, épais, paternel, maternel, replet, aérien, fraternel, accidentel, vieil, nouvel, prussien, italien, mortel.

41. Exception. — Parmi les adjectifs en **eur**, les uns font leur féminin en **euse** ; *menteur, menteuse* ; les autres le font en **trice** ; *accusateur, accusatrice.*

L'usage apprend à les distinguer.

42. 6ᵉ Exception. — *Majeur, meilleur, mineur* et les adjectifs en **érieur**, comme *supérieur*, suivent la règle générale, c'est-à-dire, prennent simplement un **e** muet au féminin : *majeure, meilleure,* etc.

43. Exception. — *Beau, nouveau, fou, mou, vieux,* font au féminin *belle, nouvelle, folle, molle, vieille,* parce qu'on dit aussi au masculin, *bel, nouvel, fol, mol, vieil,* devant un mot commençant par une *voyelle* ou une **h** muette : un *bel* oiseau, votre *nouvel* habit.

44. 8ᵉ Exception. — *Blanc, franc, frais, sec, malin, long, public, grec,* font au féminin *blanche, franche, fraîche, sèche, maligne, longue, publique, grecque.*

38ᵉ Exercice.

Mettre au féminin les adjectifs suivants :

Querelleur, trompeur, protecteur, rieur, meilleur, supérieur, beau, fou, consolateur, flatteur, blanc, long, vieux, railleur, causeur, menteur, accusateur, sec, mou, nouveau, majeur, mineur, boudeur, dévastateur, frais, vieil, bel, malin, inférieur, rêveur, franc, public, fol, nouvel, moqueur, grec, créateur, antérieur, postérieur, dormeur, extérieur, mol, intérieur, pleureur, joueur.

39ᵉ Exercice. (Récapitulation).

Comme le précédent.

Crédule, plat, maladif, malicieux, prêt, mitoyen, infect, communal, ancien, printannier, pointu, mortel, roux, sourd, railleur, décisif, muet, inquiet, glacial, profond, studieux, léger, cruel, incomplet, vermeil, protecteur, meilleur, blanc, rond, productif, causeur, supérieur, impérial, immortel, net, prudent, indiscret, long, bel, mol, vieil, amer, fertile, gros, sec, bleu, inhumain, ennuyeux, pluvieux, chrétien.

40ᵉ Exercice.

Changer le genre des adjectifs suivants :

Fin, hargneuse, fière, horrible, fou, bienfaisante, fugitive, nationale, clair, habituel, gentil, nouvelle, envieuse, populeuse, vif, sot, bonne, secrète, blette, montagneuse, viager, bas, exquis, douce, faux, insensée, publique, septentrional, méridional, quotidienne, difficile, pareille, laide, petit, supérieur, accusatrice, consolateur, menteur, inférieure, grand, inégale, prompte, jalouse, solennelle, noir, vindicatif, essentiel, dominateur, approbatrice, peureuse.

Formation du pluriel dans les adjectifs.

45. RÈGLE GÉNÉRALE. — Pour former le pluriel d'un adjectif, on y ajoute *s*, comme pour les noms : grand, grande, *pluriel* : grands, grandes.

Exceptions à la règle générale de la formation du pluriel dans les adjectifs.

46. 1re EXCEPTION. — Les adjectifs terminés au *singulier* par *s* ou *x* s'écrivent au *pluriel masculin* comme au *singulier* : un bœuf gras, des bœufs gras ; un élève laborieux, des élèves laborieux.

REMARQUE. — Les adjectifs qui font entendre le son final *eu*, comme heureux, précieux, se terminent par *x* au *singulier* comme au *pluriel*. — Bleu est excepté et prend *s* au *pluriel* : bleus. (1)

47. 2e EXCEPTION. — Les adjectifs en **eau** prennent *x* au *pluriel masculin* : beau, beaux.

48. 3e EXCEPTION. — Un grand nombre d'adjectifs en **al** font leur *plureil masculin* en **aux** : égal, égaux ; brutal, brutaux.

Ceux qu'on emploie rarement au *pluriel masculin* prennent *s*. Ainsi glacial, amical, naval, frugal, font au *pluriel* : glacials, amicals, navals, etc.

Accord de l'adjectif avec le nom.

49. 1re RÈGLE. — L'adjectif doit être mis au même genre et au même nombre que le *nom* auquel il se rapporte.

---

(1) Hébreu, *pluriel* : hébreux, fait aussi exception. Mais les enfants ont rarement ce mot à écrire.

Ex. : Des fruits mûrs ; l'adjectif mûrs est du *masculin pluriel* parce qu'il se rapporte à fruits qui est du *masculin pluriel* (1).

41e EXERCICE.

Indiquer entre ( ) après chaque adjectif quel en est le genre et le nombre.

Ex. : Des enfants sages (*m. p.*)

NOTA. — L'élève devra en outre expliquer verbalement l'accord de chaque adjectif lors de la correction du devoir.

Un ouvrier adroit. Une pomme vermeille. Les bêtes féroces. Les enfants babillards. Cette personne pieuse. Votre bonne mère. Ces grands arbres. Le beau jardin. Une orthographe correcte. Un homme veuf. Une femme veuve. Des fardeaux légers. Un excellent mets. Des poires excellentes. Ta belle fleur. Les livres instructifs. Des lignes droites. L'air pur. Un vent violent. Des gestes moqueurs. Une parole railleuse. Notre table ronde. Un gros bœuf. Une grosse vache. Le singe malin. Une figure maligne. Ces jolis oiseaux. Ces jolies tourterelles. La religion chrétienne. Des couteaux pointus. L'épée pointue. Vos élèves studieux. L'alouette matinale. Deux nombres égaux. Les fourmis laborieuses. Mes habits neufs. Ma casquette neuve. Un vieux bâtiment. Cette vieille maison. La barque légère. Des cheveux longs. Des maladies mortelles.

---

(1) Nous croyons utile d'aborder dès maintenant la seconde partie de cet ouvrage. L'étude du verbe devra désormais marcher de pair avec celle des autres parties du discours.

42e EXERCICE.

Remplacer les points par l'adjectif précédent en ayant soin de le faire accorder chaque fois avec le nom auquel il se rapporte.

Ex. : Une redingote noire, etc.

Un paletot *noir*. Une redingote n.... Des gilets n.... Vos cravates n....—Une année *nouvelle* Du vin n.... Deux rues n.... Ces appartements n....—Des paroles *arrogantes*. Ce regard a.... Vos gestes.... Une tenue a....—Un âne *rétif*. Des juments.... Trois Chevaux r.... Une ânnesse r.... — Du beurre *frais*. L'eau f.... Des huîtres f.... Des œufs f.... — Les poissons *muets*. Une h m.... Ces personnes m.... Un enfant m....—Le prince *impérial*. La famille i.... Les lycées i.....—La vie *éternelle*. Le bonheur é.... Des peines é... Le liége *léger*. Vos barques l.... Des nuages l.... Une étoffe l.... —Un *ancien* usage. Des peuples a.... Ces a... villes. L'a... mode. — Des soldats *courageux*. Un homme c ..., Ces femmes c.... Une ouvrière.

43e EXERCICE.

Comme le précédent.

Ce charretier *brutal*. Des bouchers b.... Une parole b.... Des manières b....—Des trous *profonds*. Un puits p.... Les mers p.... Cette p... carrière. — Un *beau* temps. Quatre b... fauteuils. Ta b... image. Nos b... fleurs.—Le loup *cruel*. La tigresse c.... Ces animaux c.... Des bêtes c.... — Du pain *sec*. Des figues s.... Ces raisins s... — Vos rideaux *blancs*. Du papier b.... Votre robe b.... Des gelées b.... — Un fleuve *rapide*. Cette rivière r.... Des torrents r.... — Un *doux* sommeil. La d... colombe. Ces d... agneaux. Nos d... brebis. — Une heure *matinale*. Le facteur m.... Des fermières m.... Les oiseaux m.. . — Des bains *chauds*. L'eau c.... Un vêtement c.... Ces serres c.... — Un habillement *complet*. Une semaine c.... Des devoirs c.... Des victoires c....

44ᵉ EXERCICE.

Comme le précédent.

Mon *cher* père. Ma c... mère Mes c... frère. Mes c... sœurs. — Le prêtre *bienfaisant*. Une pluie b.... Des remèdes b.... Ces tisanes b.... — Vos pantalons *neufs*. Ta casquette n. .. Son chapeau n.... Ces chemises n.... — L'instituteur *communal*. L'institutrice c.... Des chemins c.... Des écoles c.... — Un ange *protecteur*. Des airs p.... Une société p.... — Un étage *inférieur*. La mâchoire i.... Les gradins i.... — Des enfants *menteurs*. Cette fille m.... Cet élève m.... Des promesses m.... — Ce *saint* prophète. La s... vierge. Les s... apôtres. Ces s... reliques. — Un corps *sain*. Des aliments s.... Des habitations s.... Une nourriture s.... — Ses *nombreux* ouvriers. Un peuple n.... Une classe n.... Les n.... étoiles. — Un fusil *prussien*. L'armée p.... Les soldats p.... Plusieurs villes p....

45ᵉ EXERCICE.

Comme le précédent.

Un jardin *public*. Cette promenade p.... Des monuments p.... Des places p.... — Des draps *grossiers*. Une toile g.... Ce paysan g.... des domestiques g.... — Une terre *fertile*. Un champ f.... Des jardins f... Ces f... campagnes. — Un livre *instructif*. Des lectures i.... Des ouvrages i.... Une leçon i.... — Le soleil *ardent*. Une chaleur a.... — Du linge *roux*.

Une chevelure r.... Des cheveux r.... Plusieurs vaches r.... — Ce *haut* clocher. Ces h... montagnes.
Une h... tour. Ces h... remparts. —Un caractère
mou. Un m... édredon. Des pâtes m.... — Des soins
maternels. La tendresse m.... L'amour m.... Les
inquiétudes m.... — Ce *vieux* vêtement. Mon v...
ami. Notre v... tante. Deux v... dames. — Un *faux*
nez. Une voie f.... Plusieurs pièces f....

46ᵉ EXERCICE.

Changer le nombre.

Ex. : Des assiettes plates, etc.

Une assiette plate. Des mets exquis. Le tableau
noir. Un cheval blanc. Le chacal féroce. Des villes
riches, populeuses et commerçantes. Les hirondelles
printanières. Le gai petit oiseau. Des cris douloureux. Un jeu bruyant. Un sou neuf. Le caillou aigu.
Des yeux perçants. Une chambre basse, humide et
malsaine. Des fleurs odoriférantes. Des soupiraux
étroits. Le grand portail. Des éléphants énormes. Le
bel encrier. Les nouveaux élèves. Un trou large et
profond. Un repas frugal. L'inspecteur général. Une
route départementale. Des amis chers et dévoués.
Des pommes mûres et vermeilles. Un nez aquilin.
Une maladie mortelle. Des jours heureux. Des bosquets touffus. La belle et agréable prairie. Un bateau léger. Des arbres fruitiers. Une nuit froide,
pluvieuse et obscure. Des taureaux furieux et mugis-
sants. Un manteau bleu. Le chien fidèle et caressant.
Des cadenas solides. Un vent sec et glacial. Des
péchés capitaux. Une figure vive et intelligente. Le
paon magnifique.

47ᵉ EXERCICE.

Comme le précédent.

Un brigand cruel. Un bijou précieux. Des camarades bons et obligeants. Des noix fraîches. Le gros clou. Un mouchoir propre. Des habits sales et délabrés. Le vaillant général français. Des rasoirs anglais. Le joli couteau. Un chapitre entier. Des maîtres capables, zélés et patients. Une peau rude et calleuse. Le beau bal. Le long bail. Des gardes-champêtres. Un procès-verbal. Un combat naval. Des murs épais. Un vieillard vénérable. Le drapeau tricolore. Une physionomie franche et gracieuse. Des hommes éloquents. Des enfants sincères. Un feu vif et pétillant. Le singe grimacier. Des réprimandes sévères. Un peuple païen, ignorant et grossier. Les élèves polis, dociles et studieux. Des établissements publics. Une exposition universelle. Un travail pénible. Des oies grasses. Un mulet entêté. Des tailles gigantesques. Trois beaux prix dorés. Les chats gris. Les souris rongeuses. Des pays lointains. Une histoire intéressante. Une fable instructive et amusante. L'animal carnassier.

50. 2ᵉ RÈGLE. — Quand un adjectif se rapporte à plusieurs *noms singuliers du même genre*, on met cet adjectif au *pluriel* et au *même genre* que ces *noms*.

Ex. : Un livre et un cahier neufs.

48ᵉ EXERCICE.

Remplacer les points par l'adjectif précédent en ayant soin de le faire accorder comme il convient.

Cet *excellent* gigot. Deux tartes e... Du thé et du

café e.... — Une rente *viagère.* Des pensions v.... Un
bien et un revenu v.... — Ce *long* voyage. Vos l....
promenades. Une addition et une multiplication l....
— Des élèves *laborieux.* Une famille l.... Un père et
un fils l.... — Un corridor *étroit.* Des routes é....
— Un chemin et un sentier é.... — Plusieurs *mauvais*
sujets. Ce m... soldat. Une pensée et une action m....
— Un lieu *inconnu.* Des travaux i.... Une mer et
une île i.... — Des paroles *brèves.* Un ton b.... —
Une voyelle et une syllabe b.... — Quelques veaux
gras. — Ton porc g.... Un bœuf et un mouton g....
— Le Père *éternel.* Les souffrances é.... Un remords
et un châtiment é.... — Une pendule *magnifique.*
Des raisins m.... Une tulipe et une rose m.... — Un
abricot *vermeil.* Quelques fruits v.... Une pêche et
une pomme v.... — Des tigres *furieux.* Un ours f....
Une lionne et une panthère f....—Un grenier *obscur.*
Des prisons o.... Un souterrain et un cachot o....

49ᵉ EXERCICE.

Comme le précédent.

La ménagère *active.* Des ouvriers a.... Une servante et une cuisinière a.... — Une loi *sévère.* Des
professeurs s.... Une réprimande et une punition s....
— Quelques bonbons *délicieux.* Ces d.... confitures.
Une poire et une prune d.... — La jambe *droite.* Le
genou d.... L'épaule et la main d.... — La joue *gauche.* Le côté g.... Le bras et le pied g.... —Deux
joujoux *pareils.* Trois broderies p.... Une robe et une
jupe p.... — Un *vert* gazon. La v... pelouse. Un rideau et un tapis v.... — Son museau *pointu.* Ses
oreilles p.... Un menton et un nez p.... — Le ciel
bleu. Vos blouses b.... Un cache-nez et un pardessus
b.... — Un écolier *attentif.* Une sentinelle a   -Un

gardien et un factionnaire a.... — Des bas *violets.* Une soutane v.... Du mérinos et du velours v.... — Un jeu *amusant.* — Une conversation a.... Un journal et un livre a... Un oreiller *moëlleux.* Ces étoffes m.... Un coussin, un fauteuil et un lit m... — Un verre *plein.* Plusieurs cruches p.... Une bouteille et une carafe....

51. 3e RÈGLE. — Quand un adjectif se rapporte à plusieurs *noms singuliers* de différents genres, on met cet adjectif *au masculin pluriel.*

Ex.: Une robe et un voile blancs.

50e EXERCICE.

Remplacer les points par l'adjectif précédent en le faisant accorder, comme il convient.

Un caractère *vif.* Vos v... observations. Une parole et un regard v.... — Une muraille *solide.* Un mur s.... Une serrure et un cadenas s.... — Un canal *profond.* Ces ornières p.... Une rivière et un fleuve p.... — De la soupe *froide.* Une dinde et un poulet f.... Des nuits f.... — Cet officier *supérieur.* La lèvre s.... Une intelligence et un talent s.... — Une dépense *utile.* Un instrument u.... Un animal et une plante u... — Un dictionnaire *relié.* Une arithmétique r.... Une grammaire et un catéchisme r.... — Une bague *brillante.* Vos b... épaulettes. Une timbale et un couvert b.... — Un visage *rond.* Des tables r.... Une boîte et un étui r.... — Un bloc *énorme.* Des poissons é.... Un requin et une baleine é.... — Une image *coloriée.* Cinq gravures c.... Une carte et un dessin c.... — Un fils *majeur.* Des personnes m.... Une sœur et un frère m.... — Ce bouquet *artificiel.* Quelques feuilles a.... Une églantine et un œillet a.... — Un caniche *hargneux*. Cette petite fille h.... Une chienne et un dogue h...

51ᵉ EXERCICE.

Comme le précédent.

Un chapon *dodu*. Vos poulardes d.... Une oie et un canard d.... — Une *violente* tempête. Des vents v.... Une pluie et un orage v.... — Sa coiffure *ridicule*. Des vêtements r.... Un costume et une démarche r.... — Du *meilleur* cidre. Une m.... nourriture. De la bière et du vin m.... — Ce brouillard *épais*. Une boue é.... Une crême et un sirop é.... — Des planches *minces*. Un m... carton. Un plancher et une boiserie m.... — Ce chemin *bourbeux*. Une eau b.... Une mare et un fossé b.... — Des pois *hâtifs*. Des asperges h.... Cette fleur et ce légume h.... — Un travail *important*. Ces nouvelles i.... Une ville et un bourg i.... — Trois couteaux *tranchants*. Une épée t.... Une hache et un couperet t.... — Des doigts *crochus*. Des griffes c.... Des ongles et un bec c.... — Ce *riche* négociant. Une r.... toilette. Un oncle et une tante r.... — Une ragoût *appétissant*. Une omelette a.... Une cotelette et un bifteck a.... — Un souverain *étranger*. Plusieurs princesses é.... Une reine et un roi é....

52ᵉ EXERCICE. (Récapitulation).

Comme le précédent.

Mon *nouvel* habit. Cinq n... journaux. Votre n... voiture. Un calendrier et un almanach n.... — Des parents *chrétiens*. La religion c.... Un père et un fils c.... Une mère et une fille c.... Une épouse et un époux c.... — Vos pantoufles *fourrées*. Une paire de souliers f.... Des chaussures et des gants f.... — Du fil *rouge*. Des groseillers r.... Une encre et un crayon r.... — Un potager *productif*. Une terre p.... Une vigne et un abricotier p.... Des cerisiers p.... Une tourbière et une mine p.... Un poirier et un pommier p.... — Un chêne *touffu*. Une barbe t.... Vos cheveux t.... Une forêt et un bois t.... Des herbes t.... Des troncs *noueux*. Un fouet n.... Une corde n.... Une canne et un bâton n.... Des tiges n.... — Une charité *admirable*. Un tableau a.... Une douceur et une patience a.... — Ce fardeau *pesant*. Des charges p.... Une charrette et un chariot p.... Plusieurs ballots p.... Une caisse et une malle p.... — Un reptile *venimeux*. Une morsure v.... Une vipère et un serpent v....

<h3 align="center">53e EXERCICE.</h3>

Comme le précédent.

Votre teint *brun*. Trois ours b.... Ta barbe b.... Une casquette et un pantalon b.... Une veste et une capote b.... — Ce meuble *boiteux*. Une chaise et une table b.... Cette poule b.... Une jument et un poulain b.... — Un garde *particulier*. Une estime p.... Des soins p.... Quelques leçons p.... Une chambre et un cabinet p.... — Un sol *boueux*. Cette cour b.... Un escalier et un palier b.... Des bottines b.... — Un prêtre *âgé*. Des dames â.... Un homme et une femme â.... Ta cousine â.... — Du papier *jaune*. Mes dents j.... Un ruban et une cocarde j.... Ces galons j.... — L'air *pur*. Une âme et une conscience p.... Des cœurs p.... Des intentions p.... L'eau p.... — Le culte *divin*. La colère d.... La bonté et la miséricorde d.... — Cet enfant *mineur*. Ces demoiselles m....

Une fille et un garçon m.... Votre nièce m.... — Un chagrin *excessif*. Une affliction e.... Une peine et un travail e.... Des douleurs e....

DES ADJECTIFS DÉMONSTRATIFS.

52. Les *adjectifs démonstratifs* sont ceux qui *montrent* les personnes ou les choses dont on parle, comme *ce* père, *ces* livres.

53. Ces adjectifs sont :

Masculin singulier.	Féminin singulier.	Plur. des deux genres
cet.	cette.	ces.

DES ADJECTIFS POSSESSIFS.

54. Les *adjectifs possessifs* sont ceux qui marquent que les personnes ou les choses dont on parle *appartiennent* à quelqu'un, comme *mon* père, *ton* chapeau

55. Ces adjectifs sont :

Masculin singulier.	Féminin singulier.	Plur. des deux genres
mon	ma	mes
ton	ta	tes
son	sa	ses
notre	notre	nos
votre	votre	vos
leur	leur	leurs

REMARQUE.—*Mon, ton, son,* sont aussi du *féminin* quand il se rapportent à un *nom féminin* : m*on* âme, *ton* histoire, *son* épée.

54e EXERCICE.

Indiquer les adj. démonstratifs par **d**, *les adj. pos-
sesssifs par* **p** , *et écrire en abrégé le genre et le
nombre de chaque adj.*

Ex. : Mon (*p. m. s.*) lapin blanc.

Cet élève a perdu son cahier, sa plume et ses livres.
—Nous avons pris ce papillon et ces hannetons dans
notre jardin.—Honore ton père et ta mère afin de vivre longtemps. — C'est par uos vertus que nous devons mériter, pendant cette vie, le bonheur de l'autre.
Ces deux pauvres orphelins ont perdu leurs parents
pendant la dernière épidémie. —Mon camarade a fini
son devoir ; il apprend ses leçons. — Votre sœur a
ourlé toutes ces serviettes aujourd'hui.—Vos joies et
vos chagrins, offrez tout à Dieu. — Ce vent violent a
brisé mes rosiers et tes dahlias.—Aimons le Seigneur
de tout notre cœur , de toute notre âme et de toutes
nos forces.—J'ai vendu ma voiture , mes chevaux ,
mes vaches et mon ânesse à ton cousin.—Ces ouvriers
ont déployé tout leur talent et toute leur intelligence
pour exécuter ce beau travail.

55e EXERCICE.

Mettre au pluriel.

Ex.: Cet œuf couvi, *plur.* Ces œufs couvis.

Notre joli joujou. Cette bêche légère. Votre petit
râteau. Ce jeu divertissant. Cet adroit filou. Ce général illustre. Cet homme imprudent. Leur maison
neuve. Cette parole accusatrice. Son ancien et fidèle
ami. Ta nouvelle charrue. Mon excellent neveu. Ce
pays septentrional. Votre repas frugal. Cet oiseau

captif. Notre long bail. Ce riche éventail. Votre bras robuste. Ce solide verrou. Cette soirée fraîche. Ta plume métallique. Ce nez épaté. Ton œil vif et pénétrant. Notre fenêtre ovale. Cette route impériale. Leur piano magnifique. Votre blonde moustache. Ce hideux singe. Son perroquet criard. Notre grosse cloche. Cette pauvre famille. Cet honnête laboureur. Votre réponse sèche et brève. Sa douce chanson. Cette haie mitoyenne. Votre travail pénible. Son armée victorieuse. Ce juge impartial. Leur fille vertueuse. Votre occupation continuelle. Ta robe violette. Cette personne sage et discrète.

56ᵉ EXERCICE.

Changer le nombre.

Ex. : Ces choux volumineux, etc.

Ce chou volumineux. Nos fleurs odoriférantes. Ces chênes séculaires Votre berger vigilant. Ta lettre illisible. Nos promenades matinales. Ce clair ruisseau. Vos poitrines larges et velues. Ces salles spacieuses. Mon cher enfant. Leurs armoires luisantes. Ce facteur rural. Cet animal intelligent. Nos chaises basses. Vos moutons gras. Sa main épaisse. Ce laid hibou. Ce vilain sapajou. Vos remarques malignes. Ton vieil outil. Nos nouveaux encriers. Votre faute grossière. Ces étoiles brillantes. Vos vêtements malpropres. Leur douce tourterelle. Ce tonneau vide. Ces hideux crapauds. Mon bel instrument. Ta fine cravate. Ses gilets blancs. Ces étroits soupiraux. Leur grand panier. Ces cris perçants et douloureux. Ton caveau humide. Sa flèche aiguë. Ce hardi voyageur. Ce combat naval. Nos bons conseils. Notre vénérable cardinal. Votre règle plate. Ces habiles médecins. Ces conseillers municipaux.

DES ADJECTIFS NUMÉRAUX.

56. Les adjectifs *numéraux* sont ceux qui marquent le *nombre* ou bien l'*ordre*, le *rang* des personnes ou des choses, comme *trois* francs, la *deuxième* place.

57. Ceux qui marquent le *nombre* sont : *un, deux, trois, quatre, cinq, six, sept, huit, neuf, dix.... vingt.... cent.... mille*, etc.

58. Ceux qui marquent l'*ordre*, le *rang*, sont : *premier, deuxième, troisième, quatrième.... vingtième*, etc.

DES ADJECTIFS INDÉFINIS.

59. Les adjectifs *indéfinis* sont ceux qui indiquent *peu clairement* les personnes ou les choses dont on parle, comme *certains* élèves, *plusieurs* maisons.

60. Ces adjectifs sont :

Masc. sing.	Fém. sing.	Masc. plur.	Fém. plur.
tout	toute	tous	toutes
tel	telle	tels	telles
quel	quelle	quels	quelles
nul	nulle	nuls	nulles
aucun	aucune	aucuns	aucunes
autre	autre	autres	autres
certain	certaine	certains	certaines
maint	mainte	maints	maintes
quelque	quelque	quelques	quelques
quelconque	quelconque	quelconques	quelconques
même	même	mêmes	mêmes
chaque	chaque	plusieurs	plusieurs

Remarque. — Le mot *un*, classé parmi les adjectifs numéraux, est adjectif *indéfini* lorsque le nom auquel il se rapporte désigne *vaguement* une personne ou une chose, *sans aucune idée de nombre*.

Dans ce cas, l'adjectif indéfini *un* fait au pluriel *des* devant un nom et *de* devant un adjectif.

Ex. : J'ai lu cette histoires dans *un* livre. J'ai lu ces histoires dans *des* livres, dans *de* beaux livres.

57ᵉ EXERCICE.

Indiquer les adj. numéraux par **n**, *et les adj. indéfinis par* **i**. *Ecrire en abrégé le genre et le nombre de chaque adj.*

Ex. : Deux (*n. f. p.*) lampes neuves. — Henri a obtenu trois prix et plusieurs accessits. — Certains fleuves charrient des paillettes d'or. — Le premier homme s'appelait Adam et la première femme, Eve. — Il faut soixante minutes pour une heure, vingt-quatre heures pour un jour, sept jours pour une semaine, un peu plus de quatre semaines pour un mois, douze mois pour une année et cent ans pour un siècle. — Nous sommes dans la dernière moitié du dix-neuvième siècle. — Nul bien sans mal, nulle joie sans mélange. — Cinq centimes font un sou. — Goliath avait plus de six coudées de haut ; de tels colosses sont rares. — Jésus-Christ ressuscita le troisième jour après sa mort et monta au ciel le quarantième jour après sa résurrection. — Dieu est l'auteur de toutes choses. — D'autres temps, d'autres mœurs. — Maintes personnes n'ont, pour subsister, que le gain de chaque jour. — La hauteur de quelques montagnes dépasse huit kilomètres. — Avant de faire une action quelconque, demandons-nous toujours quel mérite, quelle valeur elle aura aux yeux de Celui à qui n'échappent aucune pensée, aucune parole, aucun acte. — Ces deux frères ont les mêmes traits, la même physionomie.

DU PRONOM.

61. *Le pronom* est un mot qui tient la place du *nom*.

Ex. : Cet élève est courageux, *il* s'applique. Le mot *il*, qui tient la place du nom *élève*, est un *pronom*.

62. Il y a *cinq* sortes de pronoms, savoir : les *pronoms personnels*, les *pronoms démonstratifs*, les *pronoms possessifs*, les *pronoms relatifs* et les *pronoms indéfinis*.

DES PRONOMS PERSONNELS.

63. Les *pronoms personnels* sont ceux qui désignent le plus souvent les *trois personnes* ou *rôles existant* dans le langage.

64. Ces *trois personnes* sont : celle qui parle, celle à qui l'on parle et celle de qui l'on parle.

65. Voici les pronoms personnels :

PREMIÈRE PERSONNE.

je   me   moi   nous

DEUXIÈME PERSONNE.

tu   te   toi   vous

TROISIÈME PERSONNE.

Il, ils, elle, elles, le, la, les, lui, leur, eux, se, soi, en, y.

1re REMARQUE. — Il faut distinguer les pronoms *le, la, les,* des articles *le, la, les.* Ces trois mots sont **pronoms s'ils accompagnent un verbe** : Mon père, je *le* respecte ; ma mère, je *la* chéris ; mes frères, je *les* aime.

Au contraire, *le, la, les,* sont articles s'ils accompagnent un nom : Dieu créa *le* soleil, *la* lune et *les* étoiles.

2e REMARQUE. — Quand un pronom suit un verbe auquel il se rapporte, il faut l'y joindre par un trait d'union : Savez-vous votre leçon ? Etudiez-*la*.

3e REMARQUE. — Le pronom *leur*, étant la forme *plurielle de lui*, ne prend jamais *s*. *Il* accompagne toujours un verbe : Tes amis sont inquiets, écris-*leur*.

Il ne faut pas le confondre avec l'adjectif *possessif leur* qui précède toujours un nom : Ces enfants chérissent *leurs* parents.

58e EXERCICE.

Souligner les pronoms personnels et indiquer entre ( ), après ceux de la 3e personne, les noms dont ils tiennent la place.

Ex. : La vertu est précieuse ; *elle* (vertu) vaut mieux que la richesse.

Aide-toi et le ciel t'aidera.—Je crois en Dieu et mon devoir est de l'aimer, de l'adorer et de le glorifier tous les jours.—On doit rarement parler de soi.—Si tu plains l'indigence, tu fais bien ; si tu la secours, tu fais mieux. — Quand mes ennemis disent du mal de moi, l'Evangile me commande non-seulement de dire du bien d'eux, mais encore de leur en faire.—Le hasard est capricieux ; bien sot qui s'y fie. — Nous devons tout à Dieu puisque nous ne serions rien sans lui. — Le travail est une prière quand il est bien fait. La terre est ronde ; elle tourne autour du soleil. — Vous ne devez faire aucune peine à vos parents si vous les aimez véritablement. — L'instant où nous naissons est un pas vers la mort. — Dieu fit bien ce qu'il fit et je n'en sais pas plus.

DES PRONONS DÉMONSTRATIFS.

66. Les *pronoms démonstratifs* sont ceux qui montrent, qui indiquent les personnes ou les choses dont ils tiennent la place.

Ex. : Laissez ce livre et prenez celui-ci.

67. Ces pronoms sont :

Masc. sing.	Fém. sing.	Masc. plur.	Fém. plur.
celui	celle	ceux	celles
celui-ci	celle-ci	ceux-ci	celles-ci
celui-là	celle-là	ceux-là	celles-là
ce, ceci, cela			

Remarque.—Il faut distinguer *ce*, pronom démonstratif, de *ce*, adjectif démonstratif. *Ce*, pronom, est toujours joint au verbe *être* ou suivi de l'un des pronoms *qui, que, quoi, dont.*

Ex. : *Ce* sont mes parents qui me procurent tout *ce* dont j'ai besoin.

Au contraire , *ce* , adjectif démonstratif , est suivi d'un nom : *Ce* banc est neuf.

59ᵉ EXERCICE.

Souligner les pronoms démontratifs et indiquer entre ( ) les noms dont ils tiennent la place.

Ex. : La véritable gloire est *celle* (gloire) de la sagesse.

Regardez comme temps perdu celui que vous pourriez mieux employer —La plus sûre route pour aller au bonheur est celle de la vertu.—Evitez avec soin la légèreté et la vanité : celle-ci fait parler beaucoup et celle-là empêche la réflexion qui fesait souvent garder le silence. — La meilleure réponse aux outrages , ce n'est pas la vengeance, c'est la modération et la patience.—Les bons maîtres sont ceux qui nous corrigent de nos défauts. — Adam eut pour premiers enfants Caïen et Abel : celui-ci éleva des troupeaux , celui-là cultiva la terre. — Les amitiés les plus durables sont celles qui reposent sur une estime réciproque.—Quelques-uns s'imaginent que la richesse fait le bonheur : ne croyez pas cela ; ce qui nous rend vraiment heureux , c'est la vertu. — Pour cultiver la terre, on se sert tantôt de bœufs et tantôt de chevaux : ceux-ci sont plus actifs que ceux-là.—Jeunes élèves, n'oubliez pas ceci : écouter est , de toutes les manières d'apprendre , celle qui donne le moins de peine.

DES PRONOMS POSSESSIFS.

68. Les *pronoms possessifs* sont ceux qui marquent à qui appartiennent les personnes ou les choses qu'ils remplacent.

Ex. : Voilà votre plume et voici *la mienne*.

69. Ces pronoms sont :

Masc. sing.	Fém. sing.	Masc. plur.	Fém. plur.
le mien	la mienne	les miens	les miennes
le tien	la tienne	les tiens	les tiennes
le sien	la sienne	les siens	les siennes
le nôtre	la nôtre	les nôtres	les nôtres
le vôtre	la vôtre	les vôtres	les vôtres
le leur	la leur	les leurs	les leurs

60e EXERCICE.

Souligner les pronoms possessifs et indiquer entre ( ) les noms dont ils tiennent la place.

Ex. : Le tailleur a rapporté ma redingote et *la vôtre* (redingote).

Tu vois une paille dans l'œil de ton voisin et tu n'aperçois pas la poutre qui est dans le tien. — Le Sauveur passa sa vie mortelle à donner aux hommes de bons préceptes et de bons exemples : employons la nôtre à les suivre. — Au lieu de relever sans cesse les fautes du prochain, je ferais mieux de travailler à réparer les miennes. — Consacrons notre vie à Celui qui a donné la sienne pour notre salut. — Le bon La Fontaine dit que nous sommes lynx pour découvrir les défauts d'autrui et taupes dès qu'il s'agit de distinguer les nôtres. — On juge souvent des sentiments des autres par les siens. — Le plaisir des méchants est de nous faire du mal ; le nôtre doit être de leur faire du bien. — Les personnes qui s'occupent si volontiers des affaires des autres seraient bien plus sages si elles essayaient de mener les leurs à bonne fin. — Vous qui critiquez avec tant d'acharnement les actions de vos semblables, auriez-vous donc la vanité de croire les vôtres à l'abri de tout reproche ?

DES PRONOMS RELATIFS.

70. Les *pronoms relatifs* ou *conjonctifs* sont ceux qui lient ce qui les suit avec ce qui les précède.

Ex. : C'est Dieu *qui* nous a créés.

71. Tout pronom relatif tient la place d'un nom ou pronom toujours placé *avant* lui et que, pour cette raison, on appelle *antécédent* du pronom relatif. Dans l'exemple précédent, *qui* tient la place de Dieu ; donc *Dieu* est l'antécédent de *qui*.

72. Les pronoms relatifs sont :

Pour les deux genres et les deux nombres : *qui*, *que*, *quoi*, *dont* ou *de qui*.

Masc. sing.	Fém. sing.	Masc. plur.	Fém. plur
lequel	laquelle	lesquels	lesquelles
duquel	de laquelle	desquels	desquelles
auquel	à laquelle	auxquels	auxquelles

73. Les pronoms relatifs sont de la même personne, du même genre et du même nombre que leurs antécédents.

61e EXERCICE.

Souligner les pronoms relatifs et leurs antécédents.

Ex. : La religion est le *lien qui* unit l'homme à Dieu.

L'ennui est une maladie dont le travail est le

remède. — La vertu est un bien incomparable auprès duquel l'or et l'argent sont sans valeur. — La vie laborieuse que Dieu nous impose est douce au cœur de l'homme qui s'y livre en vue de remplir son devoir. — L'air que nous respirons est un gaz sans lequel nous ne pourrions vivre. — Le cuivre, l'étain et le zinc sont les trois métaux avec lesquels on forme l'alliage de nos monnaies de bronze. — La mort obligera l'avare à abandonner ces richesses pour lesquelles il a une si grande affection. — Les travaux auxquels vous vous livrez dans le but de vous instruire resteront sans résultat si vous les faites sans goût. — Choisissez avec discernement celui auquel vous voulez donner le doux nom d'ami. — Le colza est une graine de laquelle on extrait l'huile de nos lampes. — Ce sont les moutons qui fournissent la laine avec laquelle on fabrique le drap et d'autres étoffes. — La mort est une loi à laquelle nous sommes tous soumis. — Les Lapons sont de petits hommes auprès desquels nous paraîtrions presque des géants. — L'élève studieux trouve plaisir et profit dans les études auxquelles il s'applique. — Combien j'aime à voir ces belles prairies au milieu desquelles paissent les troupeaux bondissants !

DES PRONOMS INDÉFINIS.

74. Les *pronoms indéfinis* sont ceux qui ne désignent pas clairement les personnes ou les choses dont ils tiennent la place.

Ex. : *Quelqu'un vous demande* ; on vous attend.

75. Ces pronoms sont :

On, chacun, quelqu'un, l'un, l'autre, l'un et

l'autre, **personne**, **quiconque**, **autrui**, **rien**, **plusieurs, certain, tout, tel, nul, aucun.**

REMARQUE. — Ces *six* derniers mots sont *adjectifs indéfinis* quand ils accompagnent des noms : *Tous* les hommes sont frères. — Employés *seuls*, ils sont pronoms : Dieu voit *tout. Nul* n'échappera à la mort.

62ᵉ EXERCICE.

Souligner les pronoms indéfinis.

Quand on a une fois trompé, on ne peut plus être cru de personne. — Quiconque prétend savoir tout prouve qu'il ne sait rien.—Ne faites pas à autrui ce que vous ne voudriez pas qu'on vous fît. — Tel croit prendre qui est pris.—Nul n'est parfait, chacun a ses défauts.—Si quelqu'un vous flatte, défiez-vous de lui. —Ecrivez clé ou clef ; l'un et l'autre sont permis. — Plusieurs pensent que la lune est habitée, mais aucun ne pourrait le prouver.—Aimons-nous les uns les autres.—Certains sont encore assez crédules pour croire aux fantômes.—Jeunes enfants, apprenez à discerner le bien du mal ; évitez l'un, aimez et pratiquez l'autre.—Les paresseux ont toujours envie de faire quelque chose, mais ils ne font jamais rien.—Aidons-nous l'un l'autre à supporter les charges de la vie.

Accord du pronom avec le nom.

56. 1ʳᵉ RÈGLE.— Le *pronom* doit toujours être du même genre et du même nombre que le *nom* dont il tient la place.

Ex. : Lisez ce livre : *il* est instructif. — Aimez la vertu : *elle* conduit au bonheur.

77. 2ᵉ RÈGLE. — Quand un *pronom* tient la place de plusieurs noms singuliers du même genre, ce *pronom* doit être du *pluriel* et du même genre que ces noms.

Ex. : Fuyez également la paresse et l'oisiveté, car *elles* sont la source de bien des vices.

78. 3ᵉ RÈGLE. — Quand un *pronom* tient la place de plusieurs noms singuliers de différents genres, ce *pronom* doit être du *masculin pluriel*.

Ex. : Honorez votre père et votre mère : *ils* sont l'image de Dieu.

63ᵉ EXERCICE.

Indiquer entre ( ) et en abrégé le genre, le nombre et la personne de chaque pronom.

Ex. : Dieu est bon mais il *(m. s. 3ᵉ p.)* est juste.

NOTA. — Lors de la correction du devoir, l'élève indiquera de vive voix, quand il y aura lieu, le nom ou les noms dont chaque pronom tient la place.

L'auteur d'un bienfait est celui qui en recueille le fruit le plus doux. — Dis-moi quels sont tes amis et je te dirai ce que tu vaux. — Si vous avez à choisir entre la richesse et l'honneur, préférez celui-ci à celle-là. — Adam et Ève furent créés innocents et purs ; ils ne devaient point mourir s'ils restaient fidèles à Dieu. — J'aime les petits oiseaux et je les protége parce qu'ils détruisent une foule d'insectes nuisibles. — L'hirondelle nous quitte vers la fin de l'automne pour aller habiter des climats plus doux, puis elle revient au printemps. — L'or et l'argent sont plus rares que le fer, mais ils sont moins utiles. Nul ne peut être heureux s'il ne jouit de sa propre estime.

64.ᵉ EXERCICE.

Comme le précédent.

L'homme qui soulage le pauvre, ne lui donnât-il qu'un verre d'eau froide, dit Jésus-Christ, ne restera pas sans récompense. — Le rossignol et la fauvette sont les chantres de nos bois qu'ils animent par leurs gais accents. — La loi païenne disait œil pour œil et dent pour dent : la nôtre, plus charitable, nous prescrit de rendre le bien pour le mal. — Dieu se plaît à donner, mais il veut qu'on le prie. — Les délicats sont malheureux : rien ne saurait les satisfaire. — L'abeille et la fourmi nous donnent l'exemple du travail par celui auquel elles se livrent incessamment.— On doit plaindre les méchants et non les haïr.

Ne dites pas, enfants, comme d'autres on dit :
Dieu ne me connaît pas, car je suis trop petit.

DE LA PRÉPOSITION.

79. *La préposition* est un mot invariable qui sert à lier deux autres mots dont le second complète, achève le sens du premier.

Ex. : J'écris *à* mes parents. — Le mot *à* lie le nom *parents* au verbe *écrire* pour compléter, achever le sens de ce verbe. Le mot *à* est donc une *préposition*.

80. Les prépositions les plus usitées sont :

à	dans	selon
de	dès	suivant
par	en	malgré
pour	entre	moyennant.

avec	envers	pendant
chez	sous	durant
avant	sur	parmi
après	vers	depuis
devant	sans	contre
derrière	sauf	hors, etc.

81. On appelle *locution prépositive* plusieurs mots faisant fonction de *préposition*.

82. Les principales locutions prépositives sont :

près de	vis-à-vis de	jusqu'à
loin de	au-des-us de	hors de
au delà de	au-dessous de	à l'égard de

65e EXERCICE.

Souligner les prépositions et les locutions prépositives.

En étudiant la vie du Sauveur, nous voyons d'abord en lui des vertus de l'enfance. Il était docile et soumis à ses parents, aimable à l'égard de tout le monde, car il est dit qu'à mesure qu'il croissait en âge, il croissait aussi en sagesse et en grâce devant Dieu et devant les hommes. De tout le reste de sa jeunesse jusqu'à l'âge de trente ans, nous ne savons autre chose, sinon qu'il demeura dans la petite ville de Nazareth, passant pour le fils du charpentier Joseph avec lequel il travaillait. Par son silence même, l'histoire exprime, mieux qu'aucun discours, l'état de retraite et l'obscurité où Jésus Christ a voulu passer la plus grande partie de sa vie, lui qui n'était venu sur notre pauvre terre que pour être la lumière du monde. Il mena la vie privée pendant près de trente ans et consacra à peine trois ou quatre années à la prédication pour montrer que le devoir général de tous les hommes et de travailler en silence, et que parmi eux un petit nombre seulement doivent se donner aux fonctions publiques et se faire scrupule de ne pas les exercer au delà de l'heure marquée par l'ordre de Dieu et la charité envers le prochain.

(FLEURY).

DE L'ADVERBE.

83. L'*adverbe* est un mot invariable que l'on joint au *verbe*, à l'*adjectif* ou à un autre *adverbe* pour en modifier, c'est-à-dire en changer plus ou moins la signification.

Ex. : L'homme *vraiment* sage parle *peu* mais réfléchit *beaucoup*. — Les patriarches vécurent *fort longtemps*.

84. Les adverbes les plus usités sont :

autrefois	peu	presque
hier	assez	volontiers
aujourd'hui	beaucoup	oui
demain	trop	non
déjà	plus	très
bien	moins	fort
mal	longtemps	mieux
où	toujours	aussi
ici	souvent	autant
là	jamais	bientôt

et beaucoup d'autres adverbes terminés en *ment* formés d'adjectifs, comme *sagement* de *sage* ; *lentement* de *lent* ; *vraiment* de *vrai*, etc.

85. On appelle *locution adverbiale* plusieurs mots faisant fonction d'adverbe.

86. Les principales locutions adverbiales sont :

avant-hier	non-seulement	tout à coup
tout-à-l'heure	goutte à goutte	tout à fait
après-demain	ne pas	à point nommé

66ᵉ EXERCICE.

Souligner les adverbes et les locutions adverbiales.

Voyez-vous ces nuages qui volent légèrement comme sur les ailes des vents ? S'ils tombaient tout à coup par de groses colonnes d'eau, aussi rapides que des torrents, ils submergeraient et détruiraient absolument tout dans l'endroit de leur chute, et le reste demeurerait tout à fait aride. Quelle main les tient dans ces réservoirs suspendus et ne leur permet de tomber que goutte à goutte comme si on les distillait par un arrosoir ? D'où vient qu'en certains pays très-chauds, où il ne pleut presque jamais, les rosées de la nuit sont tellement abondantes qu'elles suppléent parfaitement au défaut de la pluie, et qu'en d'autres pays, tels que les bords du Nil ou du Gange, l'inondation toujours régulière des fleuves, en certaines saisons, pourvoit à point nommé au besoin des peuples pour arroser les terres ? Peut-on s'imaginer des mesures plus sages et mieux prises pour rendre tous les pays fertiles ? Ainsi l'eau désaltère non seulement les hommes mais encore les campagnes arides; et celui qui nous l'a donnée aussi généreusement et aussi abondamment l'a distribuée avec beaucoup de soin sur la terre comme les canaux d'un jardin.

(FÉNELON).

DE LA CONJONCTION.

87. La *conjonction* est un mot *invariable* qui sert à joindre une *proposition* à une autre *proposition* ou un mot à un autre mot.

Ex : Aime Dieu *et* sers-le. — La France *et* la Belgique sont voisines.

Dans le premier exemple, le mot *et* joint la proposition *aime Dieu* à la proposition *sers-le* ; dans le second, *et* sert encore à joindre le mot *France* au mot *Belgique*. *Et* est donc une *conjonction*.

88. Les conjonctions les plus usitées sont :

et	donc	quoique
que	ainsi	cependant
ni	quand	néanmoins
mais	comme	pourtant
si	ou	toutefois
car	lorsque	sinon
or	puisque	soit, etc.

1re REMARQUE. — Il ne faut pas confondre *que*, conjonction, avec *que*, pronom relatif, ni avec *que*, adverbe.

Que est conjonction s'il joint deux propositions : Je crois *que* la terre tourne.

Que est pronom relatif si le sens permet de le remplacer par *lequel* : Je connais le livre *que* vous lisez ; c'est-à-dire *lequel* vous lisez.

Enfin *que* est adverbe s'il signifie *combien, pourquoi, seulement* : *Que* Dieu est bon ! c'est-à-dire *combien* Dieu est bon ! *Que* ne vous ai-je pas écouté ! c'est-à-dire *pourquoi* ne vous ai-je pas écouté !

Quand l'adverbe *que* signifie *seulement*, il est tou-

jours accompagné de la particule négative *ne* :
L'égoïste *n'aime que lui*, c'est-à-dire aime *seulement lui*.

2ᵉ REMARQUE. — Il ne faut pas confondre *où*, adverbe, signifiant *en quel lieu* et prenant un accent
grave, avec *ou*, conjonction, que l'on peut remplacer
par *ou bien* : Qui pourrait dire *où* n'est pas Dieu ?—
c'est-à-dire *en quel lieu* n'est pas Dieu ?—Parlez sensément *ou* taisez-vous, c'est-à-dire *ou bien* taisez-
vous.

89. On appelle *locution conjonctive* plusieurs
mots faisant fonction de conjonction.

90. Les principales locutions conjonctives sont :

parce que	de crainte que	bien que
afin que	pendant que	dès que
tandis que	par conséquent	ou bien, etc.

67ᵉ EXERCICE.

*Souligner les conjonctions et les locutions
conjonctives.*

Obéis, si tu veux qu'on t'obéisse un jour.—Il faut,
autant qu'on le peut, obliger tout le monde, car on
a souvent besoin d'un plus petit que soi.—Quand on
a une fois trompé, on ne peut plus être cru de personne. — Parlez, écrivez, agissez, pensez comme si
vous aviez mille témoins.—Les étoiles paraissent petites parce qu'elles sont très-éloignées de nous, mais
il est prouvé qu'elles sont des milliers de fois plus
grosses que la terre.—Ni l'or ni la grandeur ne nous
rendent heureux.—Dites des choses sensées sinon
taisez-vous.—Pratiquons la vertu puisque seule elle
conduit au bonheur.—Pardonnez afin que Dieu vous

pardonne. —Lorsque nous faisons une bonne action pour qu'on nous en loue, nous agissons non par amour du bien, mais par amour de nous-mêmes ; nous perdons donc tout mérite. — L'avare couve son trésor de son regard, de crainte qu'on ne le lui ravisse et il tremble dès qu'on en approche. — Notre corps mourra un jour tandis que notre âme est immortelle. — Ne dites pas que vous ferez demain ou après-demain ce que vous pouvez faire aujourd'hui.—Dieu est patient parce qu'il est éternel.

DE L'INTERJECTION.

91. L'*interjection* est un mot invariable qui trahit les émotions subites de l'âme ; c'est comme un cri de joie, de surprise, de douleur, d'effroi, etc.

92. Les interjections les plus fréquentes sont :

ah !	aïe !	ô !
ha !	hélas !	oh !
eh !	holà !	ho !
hé !	ouf !	chut !

93. On appelle *locution interjective* plusieurs mots faisant fonction d'*interjection*.

94. Les principales locutions interjectives sont :

Eh bien ! grand Dieu ! tout doux ! etc.

68° EXERCICE.

Souligner les interjections et les locutions interjectives.

Ah ! quel beau spectacle que le lever du soleil ! — Eh ! qui peut répondre d'être toujours heureux ? —

Grand Dieu ! quelle chose terrible qu'une tempête !
— Tout passe, hélas ! ici-bas, et nous passerons nous-
mêmes !—O homme orgueilleux, souviens-toi que tu
as été formé de poussière.—Oh ! ce n'est pas au va-
niteux qu'il faut essayer de donner des conseils ! —
Ouf ! que le paresseux est fatigué pour peu de chose !
— Tout doux ! ne vous fâchez pas, vous feriez croire
que vos raisons sont mauvaises ! — Chut ! écoutez,
si vous voulez vous instruire. — Ha ! vous chantiez ?
disait la fourmi travailleuse à la cigale emprunteuse ;
eh bien ! dansez maintenant ! — Aïe ! que je souffre !

DEUXIÈME PARTIE.

DU VERBE

ET DU PARTICIPE.

DU VERBE.

95. Le *verbe* est un mot qui indique *quelle chose on fait.*

Ex. : Je *chante.* Le mot *chante,* qui indique *quelle chose je fais,* est un *verbe.*

Remarque.—Il y a un *verbe* qui indique que l'on est quelque chose : c'est le verbe *être.*

Ex. : Cet enfant *est* turbulent ; il *est* paresseux.

96. On reconnaît qu'un mot est *verbe* quand on peut le faire précéder des pronoms *je , tu , il , nous , vous , ils.*

Ainsi *parler* est un verbe parce qu'on peut dire : *je parle, tu parles, il parle, nous parlons, vous parlez, ils parlent.*

69ᵉ EXERCICE.

Souligner les verbes.

Les cloches du hameau se font entendre, les villageois quittent leurs travaux : le vigneron descend de la colline, le laboureur accourt de la plaine, le bûcheron sort de la forêt ; les mères, fermant leurs cabanes, arrivent avec leurs enfants, et les jeunes filles laissent leurs fuseaux, leurs brebis et les fontaines, pour assister à la fête.

On s'assemble dans le cimetière de la paroisse, sur les tombes verdoyantes des aïeux. Bientôt on voit paraître tout le clergé destiné à la cérémonie : c'est un vieux pasteur qui n'est connu que sous le nom de curé. L'apôtre de l'Évangile, revêtu d'un simple surplis, assemble ses ouailles devant la porte de l'église ; il leur fait un discours, fort beau sans doute, à en juger par les larmes de l'assistance. On lui entend souvent répéter : « Mes enfants, mes chers enfants, » et c'est là tout le secret de son éloquence.

70ᵉ EXERCICE. (suite.)

Comme le précédent.

Après l'exhortation, l'assemblée commence à marcher en chantant. L'étendard des saints, antique bannière des temps chevaleresques, ouvre la carrière au troupeau, qui suit pêle-mêle avec son pasteur. On entre dans des chemins ombragés ; on franchit de hautes barrières ; on voyage le long d'une haie d'aubépine où bourdonne l'abeille et où sifflent les bouvreuils et les merles. Les arbres sont couverts de leurs fleurs ou parés d'un naissant feuillage. Les bois, les vallons, les rivières, les rochers, entendent tour à tour les hymnes des laboureurs.

La procession rentre enfin au hameau. Chacun retourne à son ouvrage : la religion n'a pas voulu que le jour où l'on demande à Dieu les biens de la terre fût un jour d'oisiveté. Avec quelle espérance on enfonce le soc dans le sillon, après avoir imploré celui qui dirige le soleil et qui garde dans ses trésors les vents du midi et les tièdes ondées ! (CHATEAUBRIAND).

97. Il y a *quatre* choses à remarquer dans les verbes : le *nombre*, la *personne*, le *mode* et le *temps*.

98. Le verbe est au *singulier* si la chose qu'il exprime est faite par *une seule* personne : *Je parle.*

Le verbe est au *pluriel* si la chose qu'il exprime est faite par *plusieurs* personnes : *Nous parlons.*

99. Le verbe a les *trois personnes.* (Voir les nos 63 et 64).

La *première* est marquée par les pronoms *je, nous :* je chante, *nous* chantons.

La *seconde* est marquée par les pronoms *tu, vous : Tu* chantes, *vous* chantez.

La *troisième* est marquée par les pronoms *il , ils , elle , elles*, ou par un *nom: Il* chante, *elle* chante, ma *sœur* chante, ces *enfants* chantent.

71ᵉ EXERCICE.

Indiquer en abrégé la personne et le nombre de chaque verbe. — Ainsi, pour 1ʳᵉ *personne du singulier, écrire* 1 p. s. *— pour* 2ᵉ *personne du du pluriel, écrire* 2 p. p., *etc.*

Ex. : Je chante (*1 p. s.*) Ils chantent (*3 p. p.*)

Il aime. Nous plantons. Je travaille. Elles brodent. Ils étudient. Vous soignez. Elle marche. Nous causons. Le rossignol chante. Tu bavardes. Vous

imiterez. Elles pensaient. Tu mangeas. Le prêtre
pria. J'imite. Elles méprisent. Il ressemble. Nous ins-
pirerons. Ils criaient. Elle pleura. Vous coupez. Je
tombe. Tu nagerais. Nous dessinons. Ces élèves écou-
tent. Votre serin gazouille. Je pêcherai. Adam pécha.
Vous soupiriez. Il leva. Elles tricotent. Nous voya-
geons. Tu réparas. Mon père arrive. Vos enfants
jouent. Ils contrarièrent. Les moutons broutent. La
vache beugle. Je resterai. Ils gagnèrent. Tu osas.
Vous respectez. Elle parle.

72ᵉ EXERCICE.

Comme le précédent.

Tu proposes. Elle exige. Nous cherchions. Je prou-
verai. J'attache. Il refuse. Nos chevaux hennissaient.
La locomotive siffle. Vous pardonnez. Ils épargnè-
rent. La lune brille. J'étouffe. Vous enseignez. Elles
songeaient. Tu désirais. Nous troublons. La pluie
cesse. Vous espérez. Elle refuse. Je tremble. Vous
appellerez. Nous laverons. Les orages purifient. Tu
caches. Nous reprochâmes. Vous prêtiez. Je deman-
dai. J'accorde. Ils gâteraient. Elles avouent. Les
rivières débordent. Tu montrais. Il opposait. Vous
dissimulez. Je prépare. Le ruisseau serpente. Nos
serins gazouillent. Nous recommandons. Tu oublies.
Elle néglige.

161. On appelle *modes* les diverses manières
dont le verbe présente la chose qu'il exprime.

162. Il y a *cinq modes* : l'*indicatif*, le *conditionnel*, l'*impératif*, le *subjonctif* et l'*infinitif*.

163. Les *quatre* premiers modes : l'*indicatif*, le
conditionnel, l'*impératif* et le *subjonctif*, sont appelés

modes personnels parce que le verbe y est toujours à une personne et à un nombre.

L'*infinitif* est nommé *mode impersonnel* parce que le verbe n'y est à aucune *personne* ni à *aucun nombre*.

103. On appelle *temps* les diverses formes que prend le verbe pour marquer à *quelle époque* se rapporte la chose dont on parle

104. Il y a *trois* temps principaux : le *présent,* le *passé* et le *futur*.

105. Le *présent* indique que la chose dont on parle se *fait au* moment même où l'on parle : *Je chante.*

Le *passé* indique que la chose *a été faite* dans un temps *qui n'est plus* : *Je chantais, j'ai chanté.*

Le *futur* indique que la chose n'est pas encore faite, mais qu'elle se *fera* dans un temps *à venir : Je chanterai, j'aurai chanté.*

106. Le *présent*, étant le moment même où l'on parle, ne peut se diviser : il n'y a donc qu'*un seul temps* pour l'exprimer.

Mais on distingue *cinq passés :* l'*imparfait,* je chantais; le *passé défini,* je chantai; le *passé indéfini,* j'ai chanté ; le *passé antérieur ,* j'eus chanté , et le *plus-que-parfait,* j'avais chanté.

107. On distingue aussi *deux futurs :* le *futur* et le *futur antérieur*.

108. On appelle *temps simples* ceux où le verbe est exprimé par un seul mot : *j'aime, vous aimerez.*

On appelle *temps composés* ceux où le verbe est exprimé par plusieurs mots : *j'ai aimé, vous avez aimé.*

109. Tous les verbes de la langue française, au nombre d'environ six mille, se divisent en *quatre* classses appelées *conjugaisons* que l'on distingue par la terminaison de chaque verbe au *présent de l'infinitif.*

110. Les verbes de la *première conjugaison* se terminent par **er** au présent de l'infinitif : *aimer, chanter, planter*

111. Les verbes de la *seconde conjugaison* se terminent par **ir** au présent de l'infiitif : *finir, courir, obéir.*

112. Les verbes de la *troisième conjugaison* se terminent par **oir** au présent de l'infinitif : *recevoir, savoir, voir.*

113. Les verbes de la *quatrième conjugaison* se terminent par **re** au présent de l'infinitif : *rendre, prendre, vendre.*

73e EXERCICE.

Indiquer entre ( ) après chacun des verbes suivants à quelle conjugaison il appartient. — Se servir des abréviations : **1 c. — 2 c. — 3 c. — 4 c.**

Ex. : Aimer (*1 c.*) Rendre (*4 c.*), etc.

Aimer. Recevoir. Finir. Rendre. Vendre. Planter. Voir. Courir. Dîner. Apercevoir. Chérir. Prendre. Marchander. Jouir. Prévoir. Croire. Moudre. Réunir. Remplir. Acheter. Peindre. Tordre. Avoir. Visiter. Tenir. Arrêter. Boire. Asseoir. Coudre. Piller. Descendre. Punir. Aller. Créer. Cueillir. Mourir. Couper. Rompre. Savoir. Obtenir. Habiter. Rire. Avertir. Ecrire. Tâcher. Attendre. Vernir. Joindre. Craindre. Obéir.

74e EXERCICE.

Trouver l'infinitif des verbes suivants.

Ex. Je chante, *inf.* chanter.

Tu pries. Nous croyons. Vous finissez. Elle plantera. Ils craignaient. Nous louons. Je changeais. Tu rendras. Vous écrivez. Tu lis. Elles raccommodaient. Il chargea. Vous riez. Je calculerai. Elle accomplira. Ils vivront. Nous passâmes. Il noircit. Je mis. Vous mangiez. Tu logerais. Elle osa. Nous descendrons. Il déposerait. Nous permettons. Ils hennissaient. Vous punissez. Tu conçois. Je guérissais. Elle souffre. Il verra. J'exige. Tu vas. Nous avons. Je suis. Ils plairent. Vous rougissez. Tu aperçois. Elles reçurent. Couvre. Il ferme. Nous entendons. Vous attendez. Ils tiennent. Je jette. Tu sors. Elle prévoyait. Il avoue. Nous remettrons. Mon père répondit.

75e EXERCICE.

Comme le précédent.

Il appartiens. Elle écoutait. Nous saurons. Je sers. Il vainc. Vous obéissez. Vos parents ordonnent. Les boulangers pétrissent. Vous fûtes. Il préféra. Elles doivent. Nous espérons. Je ferai. Tu refusas. Je reconnais. Vous disiez. Le lion rugit. La tourterelle roucoule. Il parlait. Je promis. Tu voulus. Nous réparerons. Elle regrette. Il a. Le joueur perd. Je cueille. Tu scies. Dieu protège. Elles défendirent. Vous tremblerez. Tu compris. Nous reçûmes. Cet homme vola. Il insulte. Vous remplissez. Je comprends. Tu dors. Ils visitent. L'armée combattait. Nous désobéissons. Je pourvois. Tu crois. Elle chérit. Il exerça. L'ivrogne chancelle. Nous bénissons. Elles rompent. Vous revoyez. Ils médisent. Il ressemble.

114. Tout verbe se compose de deux parties : le *radical* et la *terminaison*.

115. Le *radical* est la première partie du verbe ; il reste le même à toutes les personnes et à tous les temps.

116. La *terminaison* est la seconde partie du verbe ; elle *change* selon la personne, le nombre, le mode et le temps.

117. Pour trouver le *radical* d'un verbe (1), on retranche la *terminaison* de ce verbe au présent de l'infinitif.

Ex. : *Aimer*, radical *aim* ; *finir*, radical *fin*, etc.

76e EXERCICE.

Souligner le radical des verbes.

Ex. : *Chanter*, vous *finissez*.

Répéter. Je plais. Vous dites. Vernir. Lire. Tu mords. Nous recevons. Aller. Je finissais. Elle aimerait. Vous habitiez. Former. Prévoir. Rendre. Jouer. Prier. Tu estimes. Je gagne. Réussir. Paraître. Abuser. Rire. Vous naviguez. Ils tirent. Crier. Fendre. Vous réunissez. Avertir. Je tondis. Nous marchâmes. Tu saisiras. Naître. Rétablir. Venger. Apercevoir. Je pétrissais. Nourrir. Mourir. Défricher. Labourer. Herser. Semer. Récolter. Tu vendais. Il prétendit. Vouloir. Attirer. Blanchir. Mordre. Changer.

---

(1). Les verbes dont il s'agit ici sont nécessairement des verbes réguliers, les seuls que les élèves aient à étudier pour le moment. Ce n'est que plus tard que le maître fera voir des verbes où le radical se modifie et disparaît même quelquefois.

77ᵉ EXERCICE.

Comme le précédent.

Répandre. Tu proposes. Je tire. Nous vivons. Apaiser. Elle lie. Il instruit. Vous devez. Je faisais. Cuire. Ils ralentissent. Mûrir. Charmer. Le boucher tua. Corrompre. Adorer. Toucher. Je joue. Ces mulets ruent. Ils amincirent. Jaunir. Voler. Répondre. J'abattrai. Tu causeras. Elles commencèrent. Vous ennuyez. David dansa. Il démolit. Arrondir. Mesurer. Pendre. Elles pondent. Réfléchir. Raser. Gronder. Nous tourmentons. Je juge. Rôtir. Jésus-Christ guérissait. Fondre. Fonder. Aigrir. Vous étudiez. Tu recevais. J'ordonne. Le froid engourdit. Subir. Endurer. Je noircissais.

118. *Conjuguer* un *verbe*, c'est le réciter ou l'écrire à tous ses modes, ses temps, ses nombres et ses personnes.

119. Voici d'abord la conjugaison des verbes **avoir** et **être** que l'on nomme *auxiliaires* parce qu'ils aident tous les autres verbes à se conjuguer.

120. Verbe auxiliaire **AVOIR.**

MODE INDICATIF.

PRÉSENT.	IMPARFAIT.
J'ai.	J'avais.
Tu as.	Tu avais.
Il ou elle a.	Il avait.
Nous avons.	Nous avions
Vous avez.	Vous aviez
Ils ou elles ont.	Ils avaient.

PASSÉ DÉFINI.

J'eus.
Tu eus.
Il eut.
Nous eûmes.
Vous eûtes.
Ils eurent.

PASSÉ INDÉFINI.

J'ai eu.
Tu as eu.
Il a eu.
Nous avons eu.
Vous avez eu.
Ils ont eu.

PASSÉ ANTÉRIEUR.

J'eus eu.
Tu eus eu.
Il eut eu.
Nous eûmes eu.
Vous eûtes eu.
Ils eurent eu.

PLUS-QUE-PARFAIT.

J'avais eu.
Tu avais eu.
Il avait eu.
Nous avions eu.
Vous aviez eu.
Ils avaient eu.

FUTUR.

J'aurai.
Tu auras.
Il aura
Nous aurons.

Vous aurez.
Ils auront.

FUTUR ANTÉRIEUR.

J'aurai eu.
Tu auras eu.
Il aura eu.
Nous aurons eu.
Vous aurez eu.
Ils auront eu.

MODE CONDITIONNEL.

PRÉSENT.

J'aurais.
Tu aurais.
Il aurait.
Nous aurions.
Vous auriez.
Ils auraient.

PASSÉ (1re *forme.*)

J'aurais eu.
Tu aurais eu.
Il aurait eu.
Nous aurions eu.
Vous auriez eu.
Ils auraient eu.

PASSÉ (2e *forme.*)

J'eusse eu.
Tu eusses eu.
Il eût eu.
Nous eussions eu.
Vous eussiez eu.
Ils eussent eu.

MODE IMPÉRATIF.

Aie *(2ᵉ pers. du sing.)*
Ayons *(1ʳᵉ pers. du pl.)*
Ayez *(2ᵉ pers. du plur.)*

MODE SUBJONCTIF.

PRÉSENT.

Que j'aie.
Que tu aies.
Qu'il ait.
Que nous ayons.
Que vous ayez.
Qu'ils aient.

IMPARFAIT.

Que j'eusse.
Que tu eusses.
Qu'il eût.
Que nous eussions.
Que vous eussiez.
Qu'ils eussent.

PASSÉ.

Que j'aie eu.
Que tu aies eu.
Qu'il ait eu.
Que nous ayons eu.
Que vous ayez eu.
Qu'ils aient eu.

PLUS-QUE-PARFAIT.

Que j'eusse eu.
Que tu eusses eu.
Qu'il eût eu.
Que nous eussions eu.
Que vous eussiez eu.
Qu'ils eussent eu.

MODE INFINITIF.

PRÉSENT.

Avoir.

PASSÉ.

Avoir eu.

PARTICIPE.

PRÉSENT.

Ayant.

PASSÉ.

Eu *ou* ayant eu.

---

121. Verbe auxiliaire **ÊTRE.**

MODE INDICATIF.

PRÉSENT.

Je suis.
Tu es.
Il *ou* elle est.
Nous sommes.
Vous êtes.
Ils *ou* elles sont.

IMPARFAIT.

J'étais.
Tu étais.
Il était.
Nous étions.
Vous étiez.
Ils étaient.

PASSÉ DÉFINI.

Je fus.
Tu fus.
Il fut.
Nous fûmes.
Vous fûtes.
Ils furent.

PASSÉ INDÉFINI.

J'ai été.
Tu as été.
Il a été.
Nous avons été.
Vous avez été.
Ils ont été.

PASSÉ ANTÉRIEUR.

J'eus été.
Tu eus été.
Il eut été.
Nous eûmes été.
Vous eûtes été.
Ils eurent été.

PLUSQUE-PAR-FAIT.

J'avais été.
Tu avais été.
Il avait été.
Nous avions été.

Vous aviez été.
Ils avaient été.

FUTUR.

Je serai.
Tu seras.
Il sera.
Nous serons.
Vous serez.
Ils seront.

FUTUR ANTÉRIEUR.

J'aurai été.
Tu auras été.
Il aura été.
Nous aurons été.
Vous aurez été.
Ils auront été.

MODE CONDITIONNEL.

PRÉSENT.

Je serais.
Tu serais.
Il serait.
Nous serions.
Vous seriez.
Ils seraient.

PASSÉ (1re forme)

J'aurais été.
Tu aurais été.
Il aurait été.
Nous aurions été.
Vous auriez été.
Ils auraient été.

PASSÉ (2e forme.)

PASSÉ (2e *forme.*)

J'eusse été.
Tu eusses été.
Il eût été.
Nous eussions été.
Vous eussiez été.
Ils eussent été.

MODE IMPÉRATIF.

Sois (2e *pers. du sing.*)
Soyons (1re *p. du plur.*)
Soyez (2e *p. du plur.*)

MODE SUBJONCTIF.

PRÉSENT.

Que je sois.
Que tu sois.
Qu'il soit.
Que nous soyons.
Que vous soyez.
Qu'ils soient.

IMPARFAIT.

Que je fusse.
Que tu fusses.
Qu'il fût.
Que nous fussions.
Que vous fussiez.
Qu'ils fussent.

PASSÉ.

Que j'aie été.
Que tu aies été.
Qu'il ait été.
Que nous ayons été.
Que vous ayez été.
Qu'ils aient été.

PLUS-QUE-PARFAIT.

Que j'eusse été.
Que tu eusses été.
Qu'il eût été.
Que nous eussions été.
Que vous eussiez été.
Qu'ils eussent été.

MODE INFINITIF.

PRÉSENT

Être.

PASSÉ.

Avoir été.

PARTICIPE.

PRÉSENT.

Étant.

PASSÉ.

Été *ou* ayant été.

PREMIÈRE CONJUGAISON.

Verbe en ER.

122. Le modèle des verbes de la première conjugaison est *aimer*. En voici la conjugaison :

AIM **ER.**

MODE INDICATIF.

PRÉSENT.

J'aim *e*.
Tu aim *es*.
Il *ou* elle aim *e*.
Nous aim *ons*.
Vous aim *ez*.
Ils *ou* elles aim *ent*.

IMPARFAIT.

J'aim *ais*.
Tu aim *ais*.
Il aim *ait*.
Nous aim *ions*.
Vous aim *iez*.
Ils aim *aient*.

PASSÉ DÉFINI.

J'aim *ai*.
Tu aim *as*.
Il aim *a*.
Nous aim *âmes*.
Vous aim *âtes*.
Ils aim *èrent*.

PASSÉ INDÉFINI.

J'ai aim *é*.
Tu as aim *é*.
Il a aim *é*.
Nous avons aim *é*.
Vous avez aim *é*.
Ils ont aim *é*.

PASSÉ ANTÉRIEUR.

J'eus aim *é*.
Tu eus aim *é*.
Il eut aim *é*.
Nous eûmes aim *é*.
Vous eûmes aim *é*.
Ils eurent aim *é*.

PLUS-QUE-PARFAIT.

J'avais aim *é*.
Tu avais aim *é*.
Il avait aim *é*.
Nous avions aim *é*.
Vous aviez aim *é*.
Ils avaient aim *é*.

FUTUR.

J'aim *erai*.
Tu aim *eras*.
Il aim *era*.
Nous aim *erons*.
Vous aim *erez*.
Ils aim *eront*.

FUTUR ANTÉRIEUR.

J'aurai aim *é*.
Tu auras aim *é*.
Il aura aim *é*.
Nous aurons aim *é*.
Vous aurez aim *é*.
Ils auront aim *é*.

MODE CONDITIONNEL.
PRÉSENT.

J'aim *erais*.
Tu aim *erais*.
Il aim *erait*.
Nous aim *erions*.
Vous aim *eriez*.
Ils aim *eraient*.

PASSÉ (1ʳᵉ *forme*).

J'aurais aim *é*.
Tu aurais aim *é*.
Il aurait aim *é*.
Nous aurions aim *é*.
Vous auriez aim *é*.
Ils auraient aim *é*.

PASSÉ (2ᵉ *forme*).

J'eusse aim *é*.
Tu eusses aim *é*.
Il eût aim *é*.
Nous cussions aim *é*.
Vous eussiez aim *é*.
Ils eussent aim *é*.

MODE IMPÉRATIF.

Aim *e* (2ᵉ *per. du sing.*)
Aim *ons* (1ʳᵉ *p. du pl.*)
Aim *ez* (2ᵉ *p. du plur.*)

MODE SUBJONCTIF.
PRÉSENT.

Que j'aim *e*.
Que tu aim *es*.
Qu'il aim *e*.
Que nous aim *ions*.

Que vous aim *iez*.
Qu'ils aim *ent*..

IMPARFAIT.

Que j'aim *asse*.
Que tu aim *asses*.
Qu'il aim *ât*.
Que nous aim *assions*.
Que vous aim *assiez*.
Qu'ils aim *assent*.

PASSÉ.

Que j'aie aim *é*.
Que tu aies aim *é*.
Qu'il ait aim *é*.
Que nous ayons aim *é*.
Que vous ayez aimé.
Qu'ils aient aim *é*.

PLUS-QUE-PARFAIT.

Que j'eusse aim *é*.
Que tu eusses aim *é*.
Qu'il eût aim *é*.
Que nous eussions aim *é*.
Que vous eussiez aim *é*.
Qu'ils eussent aim *é*.

MODE INFINITIF.
PRÉSENT.

Aim *er*.

PASSÉ.

Avoir aim *é*.

PARTICIPE.
PRÉSENT.

Aim *ant*.

PASSÉ.

Aim *é ou* ayant aim *é*.

Manière de conjuguer un verbe à un temps indiqué.

123. Pour conjuguer un verbe à un temps indiqué, on écrit d'abord le nom du *temps*, puis, les uns sous les autres, les pronoms *je, tu, il, nous, vous, ils*. On met ensuite le *radical* du verbe après *je*, après *tu*, après *il*, etc. On ajoute enfin au bout du radical la *terminaison* qui convient à chaque personne du temps.

EMPLOI DU MODE INDICATIF.

124. Les temps du mode *indicatif* s'emploient pour indiquer *avec certitude* qu'une chose a été faite, se fait ou se fera : *j'ai voyagé , je voyage , je voyagerai.*

Conjugaison des verbes en **er** *au présent de l'indicatif*

Modèle.

Aim **ER** Dieu.

PRÉSENT.

J'aim *e* Dieu.
Tu aim *es* Dieu.
Il aim *e* Dieu.
Nous aim *ons* Dieu.
Vous aim *ez* Dieu.
Ils aim *ent* Dieu.

78ᵉ EXERCICE.

Conjuguer les verbes suivants au présent de l'indicatif. — Indiquer, quand il y aura lieu par **b** *ou par* **m** *en* (*) *si l'action dont il s'agit est* bonne *ou* mauvaise.

Nota. — L'élève devra continuer à porter un jugement semblable dans tous les exercices qui doivent suivre.

1. Cultiver un jardin.—2. Eviter le mal.—3. Réparer une faute. —4. Tapisser une chambre. — 5. Parler en classe.—6. Ecouter le maître. — 7. Saluer un vieillard.—8. Préparer un repas.—9. Gronder un paresseux. — 10. Planter un pommier. — 11 Visiter une personne infirme.—12. Plumer un poulet.

Le maître profitera du temps pendant lequel les élèves seront occupés à faire les exercices 78ᵉ et suivants pour leur parler du sujet. Il commencera donc avec eux , dès à présent, l'étude de la 3ᵉ partie de cet ouvrage afin qu'arrivés au 84ᵉ exercice, les élèves, sachant trouver le sujet, puissent faire accorder le verbe comme il convient.

79ᵉ EXERCICE.

Comme le précédent.

1. Adorer Dieu.—2. Admirer la nature.—3. Etudier la leçon.—4. Conter une histoire.—5. Compter de l'argent. —6. Acquitter ses dettes. — 7. Laver sa figure.—8. Peigner sa chevelure.—9. Brosser ses vêtements. — 10. Réciter sa prière. —11. Distinguer un objet éloigné.—12. Tracasser les voisins.

80ᵉ EXERCICE.

Comme le précédent.

1. Torturer les animaux.—2. Manquer à la messe· —3. Remporter la victoire. — 4. Tailler une plume. —5. Impatienter ses parents.—6. Pousser un camarade.—7. Rapporter les fautes des autres.—8. Grimper sur un arbre. — 9. Couper une branche. — 10. Arroser un parterre. — 11. Arracher les mauvaises herbes.—12.—Aider un ami.

81e EXERCICE.

Comme le précédent.

1. Fermer la porte.—2. Faucher un pré.—3. Egratigner son petit-frère.—4. Accepter une chose volée. —5. Garder un objet trouvé. — 6. Doubler une punition. —7. Tourmenter un nouveau camarade. —8. Mériter une récompense.

82e EXERCICE.

Comme le précédent.

1. Briser un jeune arbre. — 2. Fatiguer sa mère. — 3. Blâmer un élève négligent. — 4. Réprimander un menteur. — 5. Guider un étranger. — 6. Flatter un supérieur. — 7. Respecter les personnes âgées. —8. Nouer un fouet.

83e EXERCICE.

Comme le précédent.

1. Tricher au jeu. —2. Terminer son devoir. — 3. Repousser une mauvaise pensée. — 4. Greffer un cerisier. — 5. Insulter un estropié. — 6. Contrarier son père. —7. Broder un mouchoir. — 8. Allumer une bougie.

Accord du verbe avec le sujet.

125. 1re RÈGLE. — Le verbe doit toujours être de la *même personne* et du *même nombre* que son sujet.

Ex. : Le soleil éclaire la terre. — Le verbe *éclaire* est de la *3e personne du singulier* parce que son sujet le *soleil* est de la *3e personne du singulier*.

Nous étudions la grammaire. — Le verbe *étudions* est de la *1re personne du pluriel* parce que son sujet *nous* est de la *1re personne du pluriel*.

1re REMARQUE. — Un *nom sujet* est toujours de la *3e personne*.

2e REMARQUE. — Les pronoms *je, tu, il, elle, on,* sont toujours *sujets* des verbes qu'ils accompagnent.

84e EXERCICE (1)

Mettre au pluriel les propositions suivantes.

Ex. : La fauvette chante dans le buisson.
Ecrire :
Les fauvettes chantent dans les buissons.
1. L'enfant respect le vieillard. — 2. Tu nies ta faute. — 3. Je demande un livre. — 4. La rivière déborde dans la prairie. — 5. Le loup hurle dans la forêt. — 6. Il dévore un mouton. — 7. Elle brode un mouchoir. — 8. La chenille ronge la feuille. — 9. Ce moineau mange notre fruit. — 10. L'hirondelle dévore l'insecte. — 11. Tu corriges ton devoir. — 12. Je pardonne cette injure.

85e EXERCICE.

Comme le précédent.

1. L'élève négligent mérite une punition sévère.— 2. Cet homme riche et charitable soulage la veuve et

---

(1) Dans cette exercice, comme dans tous ceux du même genre, l'élève devra, lors de la correction du devoir, expliquer l'accord du verbe avec le sujet, et de l'adjectif avec le nom,

l'orphelin. — 3. Tu tourmentes ce pauvre animal. — 4. Ce charmant rossignol habite le bosquet voisin.— 5. Le lion féroce déchire la tendre gazelle. — 6. Elle jette un cri plaintif. — 7. Un polisson insulte cette vieille personne. — 8. Notre joli serin gazouille dans sa cage. — 9. J'estime l'ouvrier honnête et laborieux. — 10. Ce beau rosier orne notre petit parterre. — 11. Il recueille le doux fruit de son pénible travail. — 12. Le cheval vigoureux traîne un fardeau pesant.

86e EXERCICE.

Mettre au singulier les propositions suivantes.

Ex. Les moissonneurs entonnent des chants joyeux.

Ecrire

Le moissonneur entonne un chant joyeux.

1. Les éclairs sillonnent les cieux. — 2. Ces enfants soigneux peignent leurs blondes chevelures. — 3. Nos douces brebis broutent dans ces gras pâturages. — 4. Elles bêlent après leurs tendres agneaux. — 5. Vous fauchez ces vertes prairies. — 6. Ils prononcent des paroles inconvenantes. — 7. Nous récitons des fables instructives. — 8. Les ennemis reculent devant les soldats français. — 9. Elles saignent aux mains. — 10. Vos canards barbotent dans les étangs. — 11. Ils assurent des choses fausses. — 12. Ils chassent les loups affamés.

87e EXERCICE.

Comme le précédent.

1. Le papillons légers voltigent dans les airs. — 2. Ces orages violents occasionnent des dégâts consi-

dérables. — 3. Les torrents impétueux inondent les campagnes fleuries. — 4. Ces honnêtes villageois portent des blouses bleues. — 5. Ces adroits relieurs demandent des prix modestes. — 6. Deux petits ruisseaux traversent nos vastes propriétés. — 7. Ils arrosent nos belles prairies. — 8. Ils désaltèrent nos vaches laitières et nos timides génisses. — 9. Nous méditons ces sages discours. — 10. Vous approuvez des actions blâmables. — 11. Ces pieuses filles invoquent leurs saintes patronnes. — 12. Vos lourdes voitures détériorent nos chemins.

88e EXERCICE.

Changer le nombre des propositions suivantes.

1. Le bateau vogue sur le canal. — 2. L'abeille laborieuse butine sur la fleur. — 3. Nous donnons des bons points aux élèves courageux et attentifs. — 4. Vos bons cousins admirent vos brillants succès. — 5. Ce large soupirail éclaire notre cave. — 6. Plusieurs calorifères chauffent ces vastes dortoirs. — 7. Je travaille à mon devoir. — 8. Elle raccommode ce vieil habit. — 9. Vous racontez des histoires curieuses. — 10. Les moineaux maraudeurs pillent les riches moissons des laboureurs. — 11. Notre chien vigilant garde notre troupeau. — 12. Ils étudient des leçons difficiles.

89e EXERCICE.

Comme le précédent.

1. Vos jeunes enfants pleurent dans leurs berceaux. — 2. Cette belle dame porte un éventail magnifique. — 3. Nos anges gardiens présentent nos prières à Dieu. — 4. Ils marchent à nos côtés. — 5. Ils par-

lent à nos cœurs. — 6. Ils prient pour nous. — Le vrai chrétien pardonne l'injure. — 8. Il demande une chose impossible. — 9. J'arrache une plante nuisible. — 10. Elle copie un dessin charmant. — 11. Vous imitez ces méchants garçons.—12. Des neiges perpétuelles couronnent ces hautes montagnes.

Conjugaison des verbes en **er** *à l'imparfait de l'indicatif et au passé défini.*

Modèle.

Aim **ER** Dieu.

IMPARFAIT.	PASSÉ DÉFINI.
J'aim *ais*.	J'aim *ai*.
Tu aim *ais*.	Tu aim *as*.
Il aim *ait*.	Il aim *a*.
Nous aim *ions*.	Nous aim *âmes*.
Vous aim *iez*.	Vous aim *âtes*.
Ils aim *aient*.	Ils aim *èrent*.

90ᵉ EXERCICE.

Conjuguer les verbes suivants à l'imparfait de l'indicatif.

1. Veiller un malade. — 2. Marcher à tâtons. — 3. Supprimer une dépense inutile. — 4. Vider un tonneau. — 5. Bêcher le jardin. — 6. Rechercher les discussions. — 7. Bouleverser la maison. — 8. Demeurer au rez-de-chaussée.

91ᵉ EXERCICE.

Conjuguer les verbes suivants au passé défini.

1. Occuper un bel appartement. — 2. Barrer le passage. — 3. Emonder un poirier. — 4. Déjeuner en famille. — 5. Examiner le nouvel élève. — 6. Cesser son commerce. — 7. Porter une lettre. — 8. Parler en bon français.

REMARQUE. — Les verbes en **ier**, comme *prier*, ont *deux* **i** de suite aux *deux premières personnes du pluriel* de *l'imparfait* de l'indicatif, puisque le *radical* finit par **i** et la *terminaison* commence également par **i** : nous priions, vous priiez.

Il en est de même pour les verbes dont le radical finit par **y**, comme payer. Ils prennent aux *mêmes personnes* un **y** suivi d'un **i** simple : nous payions, vous payiez.

92ᵉ EXERCICE.

Conjuguer chacun des verbes suivants d'abord à l'imparfait, puis au passé défini, en donnant au devoir la disposition du modèle qui précède le 90ᵉ exercice.

1. Epier le voleur.—2. Accompagner ses parents. —3. Prier Dieu.—4. Distribuer des récompenses.— 5. Humilier un camarade.—6. Lier deux cordes.

93ᵉ EXERCICE.

Comme le précédent.

1. Eclater en sanglots.—2. Payer ses créanciers. —3. Oublier un bienfait reçu.—4. Montrer de l'im-

patience.—5. Louer une ferme.—6. Essayer un vê
tement neuf.

94ᵉ EXERCICE.

Comme le précédent.

1. Tremper une croûte dans l'eau. — 2. Régler sa
montre. — 3. Plier les genoux. — 4. Dérouler une
carte. — 5. Envoyer une lettre. — 6. Secouer le dormeur.

95ᵉ EXERCICE.

*Conjuguer chacun des verbes suivants d'abord à la
1ʳᵉ pers. du sing. et à la 1ʳᵉ pers. du plur. du
présent de l'indicatif, puis à toutes les personnes
de l'imparfait et du passé défini.*

1. Marquer du linge. — 2. Border un paletot.—3.
Relier un livre.—4. Agréer une offrande.—5. Exté-
nuer un pauvre cheval. — 6. Remercier la Providence.

96ᵉ EXERCICE.

Conjuguer les verbes suivants aux temps indiqués.

1. Froisser un ami. *(Passé déf.)*—2. Mépriser le
vice. *(Prés.)*—3. Clouer une volige. *(Imp.)*—4. Diminuer les impôts. *(Prés.)*—5. Balbutier une excuse.
(Imp.)— 6. Contrarier une sœur. *(Passé déf.)*—7.
Saigner un malade. *(Imp.)*— 8 Créer une école.
(Prés.)—9. Economiser pour ses vieux jours. *(Passé
déf.)* — 10. Eternuer au nez des gens. *(Imp.)* — 11.
Châtier un petit maraudeur. *(Imp).*—12. Arborer le
drapeau tricolore. *(Prés.)*

REMARQUE. — Devant un adjectif *pluriel*, il faul

employer *de* au lieu de *des*. Ainsi on doit dire : Nous mangeons *de* bons fruits ; et non pas : *des* bons fruits.

97ᵉ EXERCICE.

Changer le nombre des propositions.

1. Nous endurions des douleurs aiguës. —2. Ils savourèrent ces fruits délicieux. — 3. Tu imitais ce mauvais exemple.—4. Les faux témoins méritent des châtiments sévères. — 5. Le joyeux berger chantait un gai refrain. —6. Le voyageur visita notre riche musée.—7. Il admira ce bel édifice.—8. Les adjectifs numéraux expriment les nombres.—9. Mon frère espérait un grand succès. —10. J'oubliais votre importante commission.—11. Tu épargnais le coupable repentant.—12. Vous caressâtes ces chiens fidèles.

98ᵉ EXERCICE.

Comme le précédent.

1. Notre illustre amiral remporta une victoire éclatante.—2. Ces redoutables bandits assassinèrent deux vieux rentiers. — 3. Cette habile musicienne joue un morceau difficile.—4. Tu assurais une fausse nouvelle.—5. Le coq matinal éveille le paisible hameau. —6. Nous confiâmes ces précieux trésors à nos amis. —7. Elle tremble devant son juge. —8. Je publiais un journal instructif et intéressant.—9. Ils sauvèrent nos deux petites filles.—10. Ce simple récit intéressa mon jeune auditeur. — 11. L'avare cacha son trésor dans un trou profond. — 12. Il écoutait le moindre bruit.

99ᵉ EXERCICE.

Comme le précédent.

1. Le serviteur exécuta l'ordre sévère de son maître. — 2. Ces hardis voleurs dérobaient nos montres et leurs chaînes. — 3. Ils arrachaient les serrures de nos secrétaires. — 4. Ils emportaient nos précieux bijoux — 5. J'écoutais cette belle exhortation. — 6. Vos servantes maladroites cassèrent plusieurs assiettes.—7. Tu saluais le vénérable vieillard. — 8. Ces fils indociles méprisèrent les avis paternels. — 9. Votre robuste ouvrier transporte un lourd fardeau. — 10. Un fanal éclaire notre port. — 11. Nous reposâmes sur des lits moelleux.—12. Tu priais pour ton parent défunt.

100ᵉ EXERCICE.

Comme le précédent.

1 Tu éprouvas un cuisant remords. — 2. Cet artiste compose un nouvel air. — 3. Nous résistions à nos mauvaises habitudes. — 4. Ce cocher brutal et maladroit estropia le pauvre animal. — 5. Notre maître réprimande l'élève négligent et indocile. — 6. Il récompense l'écolier studieux, poli et obéissant. — 7. Ces fâcheuses nouvelles causaient à mes amis de grands chagrins. — 8. Elle réservait cet excellent gâteau pour mon petit cousin. — 9. Votre agile neveu attrapa un joli papillon. — 10. Nous passâmes plusieurs heures dans de mortelles alarmes. — 11 Nous éprouvâmes de grands ennuis. — 12. Les gendarmes arrêtèrent ces audacieux malfaiteurs.

101ᵉ EXERCICE.

Commme le précédent.

1. Nous admirions ces beaux tableaux. — 2. Ils mangent des œufs frais. — 3. Votre habile menuisier fabriquait un meuble sculpté. — 4. Le boucher tua un veau gras. — 5. Ces seigneurs étrangers parlent des langues inconnues. — 6. Tu cultivais un champ fécond. — 7. Cette mer forme un vaste golfe. — 8. Des marronniers touffus ombragent nos cours. — 9. Nos valeureux généraux livrèrent plusieurs combats terribles — 10. Ce chemin vicinal passe dans notre commune. — 11. Elle examinait une riche étoffé. — 12. Tu achetas une jolie cravate.

EMPLOI DU MODE CONDITIONNEL.

126. Les temps du mode *conditionnel* s'emploient pour indiquer qu'une chose aurait été faite ou se ferait moyennant une condition : J'aurais remporté un prix *si j'avais été plus persévérant.*—J'*étudierais* la géographie *si j'avais une carte.*

Conjugaison des verbes en **e r** *au futur et au conditionnel présent.*

Modèle.

Aim ER Dieu.

FUTUR.	CONDITIONNEL PRÉSENT
J'aim *erai*.	J'aim *erais*.
Tu aim *eras*.	Tu aim *erais*.
Il aim *era*.	Il aim *erait*.
Nous aim *erons*.	Nous aim *erions*.
Vous aim *erez*.	Vous aim *eriez*.
Ils aim *eront*.	Ils aim *eraient*.

102ᵉ EXERCICE.

Conjuguer les verbes suivants au futur.

1. Manquer en classe. — 2. Souligner les fautes. —3. Augmenter ses connaissances. — 4. Refuser un service. — 5. Déchirer un feuillet.—6. Ramasser les fruits tombés. — 7. Rechercher les bonnes compagnies. — 8. Habiter l'Amérique.

103ᵉ EXERCICE.

Conjuguer les verbes suivants au conditionnel présent.

1. Brûler de la houille grasse.—2. Echapper à la punition. — 3. Passer son temps à ne rien faire. — 4. Impatienter sa mère.—5. Estimer un bon serviteur. — 6. Briser la chaîne. — 7. Regretter ses jeunes années.— 8. Arroser les choux.

104ᵉ EXERCICE.

Conjuguer chacun des verbes suivants d'abord au futur puis au conditionnel présent.

1. Rentrer trop tard. — 2. Calomnier son ennemi. —3. Contribuer au bonheur de ses parents.—4. Inviter un ami à dîner.—5. Nouer sa cravate.—6. Varier sa nourriture.

105ᵉ EXERCICE.

Comme le précédent.

1. Diminuer sa dépense.—2. Pleurer de joie.—3. Tâcher de mieux faire. — 4. Distribuer des secours

aux malheureux.—5. Scier une poutre.—6. Réparer sa maladresse.

Conjugaison des verbes avec la négation **ne pas.**

Modèle.

Ne pas écout **ER** les mauvais conseils.

FUTUR.

Je n'écout *erai* pas.
Tu n'écout *eras* pas.
Il n'écout *era* pas.
Nous n'écout *erons* pas.
Vous n'écout *erez* pas.
Ils n'écout *eront* pas.

106e EXERCICE.

Conjuguer chacun des verbes suivants d'abord au futur puis au conditionnel présent.

1. Ne pas fréquenter les mauvais sujets. — 2. Ne pas assister à la messe.—3. Ne pas disputer avec ses camarades.—4. Ne pas ressembler aux enfants grossiers. — 5. Ne pas observer la règle. — 6. Ne pas soigner son devoir.

107e EXERCICE.

Conjuguer les verbes suivants aux quatre temps simples de l'indicatif (présent, imparfait , passé défini, futur), et au conditionnel présent, mais en écrivant seulement la 1re pers. du sing. et la 1re pers. du plur. de chaque temps.

1. Présenter un devoir illisible. — 2. Montrer de bons sentiments.—3. Ne pas mépriser les pauvres.—4. — Déraciner un chardon — 5. Déplier une riche étoffe.—6. Attribuer ses défauts à un autre.—7. Confier un secret.—8. Ne pas saluer un supérieur.

108ᵉ EXERCICE.

Conjuguer les verbes suivants aux temps indiqués.

1. Expédier un colis. *(Imp.)* — 2. Jouer à la toupie. *(Futur.)*—3. Suppléer un ami malade. *(Prés.)* 4. Barbouiller ses livres. *(Passé déf.)*—5. Tacher ses cahiers. *(Cond. prés.)* — 6. Envier les succès d'un condisciple. *(Imp.)* — 7. Arriver pendant la nuit. *(Passé déf.)*—8. Attester la vérité. *(Prés.)*—9. Injurier les passants. *(Cond. prés.)*—10. Ne pas ignorer sa religion. *(Futur.)*

109ᵉ EXERCICE.

Changer le nombre des propositions suivantes.

1. Tu recopiais un devoir corrigé. — 2. Le charpentier clouera une planche solide. — 3. Ces champs donneraient d'abondantes récoltes.—4. Je confiais un secret important à un inconnu.—5. Nous exécuterons les ordres sévères de nos chefs. — 6. Je travaillerais mieux avec un outil neuf. — 7. La bergère ramène son troupeau dans la bergerie.—8. Nous préférâmes nos modestes hameaux à ces villes luxueuses.—9. J'avalai cette boisson amère.—10. Je ne méritais pas un si grand éloge. — 11. Elles raccommodent des habits usés.—12. Vous épiez ces hommes suspects.

110ᵉ EXERCICE.

Comme le précédent.

1. Il aidera un ami dans son travail. — 2. Nous consolons ces personnes désolées. — 3. Tu répliquas par une parole insolente. — 4. Vous conteriez des histoires divertissantes. — 5. Je frappais ce pauvre cheval. — 6. Une mouche bourdonne à mon oreille. — 7. Ces remèdes bienfaisants diminueront vos souffrances. — 8. Cet habile chirurgien arracha ma dent gâtée. — 9. Notre vieil âne riçanait dans son écurie. — 10. Je préférai la rose à la tulipe. — 11. Je naviguerai dans une mer lointaine. — 12. Notre chien vigilant aboierait dans son chenil.

111ᵉ EXERCICE.

Comme le précédent.

1. Le chant mélodieux de l'alouette résonne dans l'air. — 2. Vous montiez des juments.. — 3. Nos albums sont jolis. — 4. Ce raisin ne sera pas mûr. — 5. Notre bonne sœur était malade. — 6. Un violent ouragan brisa ce chêne robuste. — 7. Il déracine ce haut peuplier et notre bel if. — 8. Vous ne fûtes pas complaisants. — 9. Cet élève est poli. — 10. Nous avons été adroits. — 11. Ils avaient de brillants uniformes. — 12. Elle engraissera ce jeune chapon.

112ᵉ EXERCICE.

Mettre les verbes des proportions suivantes aux temps indiqués.

Ex. Tu es maussade. *(Passé déf.)*
Ecrire : Tu fus maussade.

1. Vous cultivez des radis roses. *(Fut.).*—2. Elle salua notre bon curé. *(Prés.)* — 3. Eugène est obéissont. *(Pas. déf.)* — 4. Elles agréèrent nos excuses. *(Cond. prés.)* — 5. Nous avons été soldats. *(Prés.)* — 6. Je parle sans réfléchir. *(Passé déf.)* — 7. J'accompagnerai mes parents. *(Imp.)* — 8. Vous gagnez de beaux lots. *(Imp.)* — 9. Ils plantèrent des rosiers. *(Prés.)* — 10. Vous avez de jolis dahlias. *(Pas. déf.)* — 11. Il apprécie nos raisons. *(Fut.)* — 12. Notre professeur distribuait des récompenses. *(Cond. prés.)*

113ᵉ EXERCICE.

Comme le précédent.

1. Cette pluie bénigne féconde nos champs. *(Fut.)* — 2. Tu grefferas ce cerisier sauvage. *(Présent.)* — 3. J'imitais votre exemple. *(Pas. déf.)* — 4. Vous lancez un cerf-volant. *(Cond. prés.)* — 5. Nous rapporterons des bouquets de lilas *(Imp.)* — 6. Notre ouvrier avait un panaris *(Prés.)* — 7. Votre frère est premier. *(Pas. déf.)* — 8. Vous criiez au feu. *(Fut.)* — 9. Nous étudiâmes notre leçon *(Imp.)* — 10. Vous amassez des richesses. *(Cond. prés.)* — 11. Votre cousin a une belle gravure. *(Fut.)* — 12. Vous demanderez la permission de sortir. *(Prés.)*

Verbes en **CER**.

127. Les verbes en *cer*, comme *avancer*, prennent une *cédille* sous le **c** quand il est suivi d'une des voyelles **a, o** : *J'avançais, nous avançons.*

114e EXERCICE.

Conjuguer les verbes suivants aux temps indiqués.

1. Pincer un camarade *(Prés.)* — 2. Annoncer une bonne nouvelle *(Imp.)* — 3. Commencer son devoir. *(Pas déf.)* — 4. Rincer un verre *(Prés.)* — 5. Déplacer un meuble. *(Fut.)* — 6. Lancer des boulettes. *(Imp.)* — 7. Ne pas avancer l'heure du départ. *(Cond. prés.)*—8. Effacer un mot. *(Pas. déf.)* — 9. Enfoncer un clou. *(Prés.)* — 10. Remplacer un ami malade. *(Imp.)* — 11. Percer une porte. *(Pas. déf.)*—12. Prononcer les mots distinctement. *(Cond. présent.)*

Verbes en **GER**.

128. Les verbes en **ger,** comme *manger,* prennent un **e** *muet* après le **g** devant un **a** ou un **o** : *je mangeais, nous mangeons.*

115e EXERCICE.

Conjuguer les verbes suivants aux temps indiqués.

1. Interroger un éléve. *(Prés.)* — 2. Négliger sa composition. *(Imp.)*— 3. Affliger sa sœur. *(Pas. déf.)* — 4. Voyager en chemin de fer. *(Prés.)* — 5. Plonger au fond de l'eau. *(Fut.)* — 6. Corriger le devoir. *(Imp.)* — 7. Manger des groseilles. *(Cond. prés.)* — 8 Changer de demeure. *(Pas. déf.)* — 9. Juger un accusé. *(Prés.)* — 10. Loger au rez-de-chaussée. *(Imp.)* — 11. Ne pas ranger ses livres. *(Pas. déf.)* — 12. Soulager les pauvres. *(Cond. prés.)*

Verbes en **ELER** et en **ETER**.

129. Les verbes en **eler**, comme *appeler*, et en **eter**, comme *jeter*, prennent deux **l** ou deux **t** devant un **e** *muet* : j'appelle, *j'appellerai*, je jette, je jetterai.

116ᵉ EXERCICE.

Conjuguer les verbes suivants aux temps indiqués.

1. Epeler un mot difficile. (*Prés.*) — 2. Cacheter une lettre. (*Prés.*) — 3. Appeler un aide. (*Fut.*) — 4. Jeter des pierres. (*Cond. prés.*) — 5. Dételer le cheval. (*Imp.*) — 6. Feuilleter un livre. (*Prés.*) — 7. Projeter un voyage. (*Pas. déf.*) — 8. Renouveler ses provisions. (*Fut.*) — 9. Ne pas fureter partout. (*Fut.*) — 10. Niveler une cour. (*Prés.*) — 11. Rejeter un bon conseil. (*Prés.*) — 12. Atteler les bœufs. (*Fut.*)

EXCEPTION A LA RÈGLE DU N° 129.

130. Un certain nombre de verbes en **eler** et en **eter**, ne doublent pas la la lettre **l** ou le **t** devant un **e** *muet*, mais prennent un *accent grave* sur l'**e** qui précède cette **l** ou ce **t**. Ainsi l'on écrit : geler, *il gèle* ; acheter, *j'achète.*

Voici ces verbes :

Bourreler, celer, déceler, geler, dégeler, écarteler, harceler, marteler, modeler, peler.

Acheter, crocheter, becqueter, épousseter, étiqueter, décolleter.

117ᵉ EXERCICE.

Conjuguer les verbes suivants aux temps indiqués.

1. Acheter du sucre. *(Prés.)* — 2. Peler une

pomme. *(Prés.)* — 3. Décacher une lettre. *(Fut.)* — 4. Crocheter une serrure. *(Fut.)* — 5. Atteler le mulet. *(Prés.)* — 6. Ficeler un paquet. *(Prés.)* — 7. Harceler l'ennemi. *(Cond. prés.)* — 8. Etiqueter des étoffes. *(Prés.)* — 9. Rappeler une promesse. *(Prés.)* — 10. Modeler une statuette. *(Fut.)*

Verbes en **YER.**

131. Dans les verbes en **yer**, comme *essuyer*, l'**y** se change en **i** devant un **e** *muet : j'essuie, ils essuient.*

118ᵉ EXERCICE.

Conjuguer les verbes suivants aux temps indiqués.

1. Employer bien son temps. *(Prés.)* — 2. Essayer une redingote. *(Imp.)* — 3. Payer les impôts. *(Fut.)* — 4. Envoyer une lettre. *(Prés.)* — 5. Ne pas ennuyer les voisins. *(Cond. prés.)* — 6. Délayer des couleurs. *(Pas. Déf.)* — 7. Étayer une poutre. *(Prés.)* — 8. Côtoyer la rivière. *(Fut.)* — 9. Essuyer la table. *(Cond. prés.)* — 10. Balayer une chambre. *(Prés.)*

119ᵉ EXERCICE. (Récapitulation).

Comme le précédent.

1. Charger un tombereau. *(Imp.)* — 2. Forcer une serrure. *(Passé déf.)* — 3. Souffleter ses camarades. *(Prés.)* — 4. Chanceler comme un ivrogne. *(Prés.)* 5. Appuyer une demande. *(Futur.)* — 6. Exiger une prompte obéissance. *(Passé déf.)* — 7. Ne pas prier

avec ferveur. *(Imp.)* — 8. Agacer un chien. *(Imp.)* 9. Racheter ses fautes passées. *(Prés.)* — 10. Peler des oignons. *(Cond. prés.)*

120ᵉ EXERCICE.

Comme le précédent.

1. Tracer des lignes. (*Prés.*)—2. Ménager le temps. (*Imp.*)—3. Effrayer un enfant. (*Futur.*)—4. Amonceler des pierres. (*Prés.*)—5. Exercer la profession de médecin. (*Passé déf.*)— 6. Regretter le temps passé. (*Imp.*)—7. Quereller ses camarades. (*Prés.*)—8. Nager avec aisance. (*Imp.*) — 9. Ne pas jeter du pain par terre. (*Cond. prés.*) — 10. Egayer les convives. (*Prés.*)

Verbes autres que ceux en **eler** *ou* **eter** *, ayant un* **e** *muet à l'avant-dernière syllabe.*

132. Dans les verbes qui ont un e muet à l'avant-dernière syllabe , comme *achever* , *peser* , on met un accent grave sur cet **e** s'il est suivi d'une syllabe muette : *J'achève, j'achèverai ; il pèse, il pèsera.*

121ᵉ EXERCICE.

Souligner , parmi les verbes suivants , ceux qui ont un **e** *muet à l'avant-dernière syllabe.*

Lever. Empiéter. Précéder. Mener. Abréger. Relever. Peser. Semer. Promener. Mêler. Prêter. Enlever. Inquiéter. Apprêter. Soulever. Brouetter. Flageller. Fouetter. Promener. Elever. Ramener. Prélever. Protéger. Achever.

122ᵉ EXERCICE.

Conjuguer les verbes suivants aux temps indiqués.

1. Soulever un poids énorme. (*Prés.*)—**2.** Promener un convalescent (*Prés.*)—**3.** Achever son devoir. (*Futur.*)—**4.** Peser de la cassonade. (*Imp.*)—**5.** Semer du trèfle. (*Prés.*) — **6.** Relever les fautes d'autrui. (*Prés.*)—**7.** Emmener le prisonnier. (*Passé déf.*) **8.** Ramener le blessé. (*Cond. prés.*). — **9.** Elever la voix. (*Prés.*)—**10.** Mener une vie réglée. (*Futur.*)

Verbes ayant un é fermé à l'avant-dernière syllabe.

133. Dans les verbes qui ont **é** fermé à l'avant-dernière syllabe, comme *répéter, régler*, on change l'**é** fermé en **è** ouvert en remplaçant l'accent aigu par un accent grave devant une syllabe muette, excepté pourtant au futur et au conditionnel : *Je répète, tu règles ;—je répéterai, tu régleras.*

134. EXCEPTION. — Les verbes en **éger**, comme *abréger*, et en **éer**, comme *créer*, conservent l'accent aigu dans toute leur conjugaison : *J'abrége, j'abrégerai ;—je crée, je créerai.*

123ᵉ EXERCICE.

Souligner, parmi les verbes suivants, ceux qui ont un é fermé à l'avant-dernière syllabe.

Régler. Modérer. Acheter. Fêter. Bêler. Régner. Célébrer. Ferrer. Accélérer. Dépêcher. Sécher. Empiéter. Lever. Précéder. Emietter. Répéter. Opérer. Céder. Persévérer. Révéler. Ficeler. Atteler. Considérer. Altérer. Préférer.

124ᵉ EXERCICE.

Conjuguer les verbes suivants aux temps indiqués.

1. Révéler un secret confié (*Prés.*) — 2. Préférer la rose à la tulipe. (*Prés.*) — 3. Régler l'emploi de son temps. (*Fut.*) — 4. Célébrer une grande fête. (*Prés.*) — 5. Ne pas altérer la vérité. (*Cond. prés.*) — 6. Abréger sa promenade. (*Prés.*) — 7. Persévérer dans le bien. (*Fut.*) — 8. Suppléer un ami malade. (*Prés.*) — 9. Assiéger une place forte. (*Fut.*) — 10. Agréer une excuse. (*Cond. prés.*) — 11. Empiéter sur le champ du voisin. (*Prés.*) — 12. Compléter son instruction. (*Fut.*)

125ᵉ EXERCICE (Récapitulation).

Comme le précédent.

1. Ménager son temps. (*Prés.*) — 2. Avancer un fait inexact (*Imp.*) — 3. Déployer une bannière (*Fut.*) — 4. Feuilleter un dictionnaire (*Prés.*) — 5. Ne pas parier de grosses sommes. (*Imp.*) — 6. Acheter une maison (*Cond. prés.*) — 7. Appeler sa mère. (*Prés.*) — 8. Répéter sans cesse la même chose. (*Prés.*) — 9. Énoncer un problème. (*Pas. déf.*) — 10. Marteler une barre de fer. (*Fut.*) — 11. Lever une punition. (*Prés.*) — 12. Maugréer à tout propos. (*Cond. prés.*)

126ᵉ EXERCICE.

Comme le précédent.

1. Protéger un pauvre orphelin. (*Prés.*) — 2. Apprêter le repas. (*Fut.*) — 3. Émietter du pain. (*Imp.*)

—4. Broyer des couleurs. (*Prés.*) — 5. Ne pas devancer son rival. (*Pas. déf.*) — 6. Niveler une allée. (*Cond. prés.*) — 7. Démêler le vrai du faux. (*Prés.*) — 8. Rejeter une mauvaise pensée. (*Fut.*) —9. Ramener une brebis égarée. (*Prés.*)—10 Harceler son ami. (*Cond. prés.*) — 11. Compléter sa pensée. (*Prés.*) — 12. Manger des pommes vertes. (*Passé défini.*)

127e EXERCICE.

Changer le nombre des propositions suivantes.

1. Nous achevons nos longs devoirs. —2. Vous rappelez de tendres souvenirs.—3. Ces hardis voleurs forcèrent deux fortes serrures.—4. L'armée ennemie n'assiégea pas cette ville fortifiée. — 5. J'empiète sur votre droit.—6. Ces poules protégèrent leurs timides couvées.—7. Nous jetons des pierres à ces passants. —8. Je mangeais une noix fraîche.—9. Vous ennuyez vos petits frères. —10. Tu énonças un problème difficile.—11. Vous pesez de lourds ballots.—12. Elles récréent leurs cousines malades.

128e EXERCICE.

Comme le précédent.

1. Vous ne persévérez pas dans vos bonnes résolutions. —2. Nous pelons de belles oranges. — 3. Je ménage ma bourse. — 4. Tu es ignorant. — 5. Nos maîtres étaient doux et prudents.—6. Le petit maraudeur paiera une amende considérable. —7. Le gendarme arrête le voleur. — 8. Ce prédicateur célèbre prononça un sermon touchant.—9. Nous prêtons des livres instructifs à nos amis.—10. L'élève épellera

ce mot difficile.—11. Vous rejetez nos bons conseils. — 12. Notre domestique amènerait notre grande voiture.

129e EXERCICE.

Mettre les verbes des propositions suivantes aux temps indiqués.

1. Ces oiseaux becquetèrent tous nos fruits. (*Prés.*) —2. Cet écolier néglige souvent ses devoirs. (*Imp.*) —3. Nous employons notre temps à nous instruire. (*Imp.*) — 4. L'enfant répète sans comprendre. (*Fut.*) —5. Nous semons de la luzerne. (*Cond. prés.*) — 6. Ce petit garçon agace notre chien. (*Pas. déf.*) — 7. Ton frère essayait un paletot neuf. (*Prés.*) — 8. Vous égayez la société. (*Imp.*)—9. Notre caniche aboya à la vue de cet étranger. (*Prés.*) — 10. La rivière reflète la pâle lumière de la lune. (*Imp*).—11. Le ruisseau gela pendant l'hiver. (*Prés.*).—12. Le cocher détela ses chevaux. (*Cond. prés.*).

DEUXIÈME CONJUGAISON.

Verbes en IR.

135. Le modèle des verbes de la deuxième conjugaison est *finir*. En voici la conjugaison :

FIN IR.

MODE INDICATIF.
PRÉSENT.

Je fin *is*.	Nous fin *issons*.
Tu fin *is*.	Vous fin *issez*.
Il fin *it*.	Ils fin *issent*.

IMPARFAIT.

Je fin *issais*.
Tu fin *issais*.
Il fin *issait*.
Nous fin *issions*.
Vous fin *issiez*.
Ils fin *issaient*.

PASSÉ DÉFINI.

Je fin *is*.
Tu fin *is*.
Il fin *it*.
Nous fin *îmes*.
Vous fin *îtes*.
Ils fin *irent*.

PASSÉ INDÉFINI.

J'ai fin *i*.
Tu as fin *i*.
Il a fin *i*.
Nous avons fin *i*.
Vous avez fin *i*.
Ils ont fin *i*.

PASSÉ ANTÉRIEUR.

J'eus fin *i*.
Tu eus fin *i*.
Il eut fin *i*.
Nous eûmes fin *i*.
Vous eûtes fin *i*.
Ils eurent fin *i*.

PLUS-QUE-PARFAIT.

J'avais fin *i*.
Tu avais fin *i*.
Il avait fin *i*.
Nous avions fin *i*.

Vous aviez fin *i*.
Ils avaient fin *i*.

FUTUR.

Je fin *irai*.
Tu fin *iras*.
Il fin *ira*.
Nous fin *irons*.
Vous fin *irez*.
Ils fin *iront*.

FUTUR ANTÉRIEUR.

J'aurai fin *i*.
Tu auras fin *i*.
Il aura fin *i*.
Nous aurons fin *i*.
Vous aurez fin *i*.
Ils auront fin *i*.

MODE CONDITIONNEL.

PRÉSENT.

Je fin *irais*.
Tu fin *irais*.
Il fin *irait*.
Nous fin *irions*.
Vous fin *iriez*.
Ils fin *iraient*.

PASSÉ (1ʳᵉ *forme*).

J'aurais fin *i*.
Tu aurais fin *i*.
Il aurait fin *i*.
Nous aurions fin *i*.
Vous auriez fin *i*.
Ils auraient fini *i*.

PASSÉ *(2e forme).*

J'eusse fin *i.*
Tu eusse fin *i.*
Il eût fin *i.*
Nous eussions fin *i.*
Vous eussiez fin *i.*
Ils eussent fin *i.*

MODE IMPÉRATIF.

Fin *is (2e pers. du sing.)*
Fin *issons (1re p. du pl.)*
Fin *issez (2e pers. du pl.)*

¡MODE SUBJONCTIF.

PRÉSENT.

Que je fin *isse.*
Que tu fin *isse.*
Qu'il fin *isse.*
Que nous fin *issions.*
Que vous fin *issiez.*
Qu'ils fin *issent.*

IMPARFAIT.

Que je fin *isse.*
Que tu fin *isses.*
Qu'il fin *ît.*
Que nous fin *issions.*
Que vous fin *issiez.*
Qu'ils fin *issent.*

PASSÉ.

Que j'aie fin *i.*
Que tu ais fin *i.*
Qu'il ait fin *i*
Que nous ayons fin *i.*
Que vous ayez fin *i.*
Qu'ils aient fin *i.*

PLUS-QUE-PARFAIT.

Que j'eusse fin. *i.*
Que tu eusses fin *i.*
Qu'il eût fin *i*
Que nous eussions fin *i.*
Que vous eussiez fin *i.*
Qu'ils eussent fin *i*

MODE INFINITIF.

PRÉSENT.

Fin *ir.*

PASSÉ.

Avoir fin *i.*

PARTICIPE.

PRÉSENT.

Fin *issant.*

PASSÉ.

Fin *i* ou ayant fin *i.*

Conjugaison des verbes en **ir** *au présent de l'indicatif*

Modèle

Fin **IR** le jeu.

PRÉSENT.

Je fin *is*.
Tu fin *is*.
Il fin *it*.
Nous fin *issons*.
Vous fin *issez*.
Ils fin *issent*.

130ᵉ EXERCICE.

Conjuguer les verbes suivants au présent de l'indicatif.—Ne pas oublier d'indiquer comme toujours, si la pensée exprimée est bonne ou mauvaise, en se servant des abréviations (**b**) *ou* (**m**).

1. Punir un élève paresseux. — 2. Désobéir à ses parents. — 3. Vernir une commode. — 4. Bâtir une maison.—5. Réussir dans ses affaires.—6. Chérir sa bonne mère.—7. Blanchir du linge. — 8. Réunir des amis. — 9. Ne pas choisir la meilleure place. — 10. Nourrir un vieux serviteur.

REMARQUE.—Le verbe *haïr* perd le tréma aux trois personnes du singulier du présent de l'indicatif : Je *hais*, tu *hais*, il *hait*.

131ᵉ EXERCICE.
Comme le précédent.

1. Subir une juste punition. — 2. Ensevelir un mort.—3. Haïr son ennemi.—4. Obéir avec empres-

sement. — 5. Pétrir la pâte. — 6. Ne pas réfléchir avant de répondre. —7. Démolir un mur.—8. Remplir une carafe.—9. Elargir la route. — 10. Ralentir sa marche.

Conjugaison des verbes en ir à l'imparfait de l'indicatif et au passé défini.

Modèle.

Fin IR le jeu.

IMPARFAIT.	PASSÉ DÉFINI.
Je fin *issais*.	Je fin *is*.
Tu fin *issais*.	Tu fin *is*.
Il fin *issait*.	Il fin *it*.
Nous fin *issions*.	Nous fin *îmes*.
Vous fin *issiez*.	Vous fin *îtes*.
Ils fin *issaient*.	Ils fin *irent*.

132ᵉ EXERCICE.

Conjuguer chacun des verbes suivants d'abord à l'imparfait de l'indicatif puis au passé défini.

1. Divertir ses camarades. — 2. Ne pas agir avec franchise.—3. Bénir ses parents. —4. Frémir de colère.—5. Grandir en sagesse.—6. Trahir un ami.

133ᵉ EXERCICE.

Comme le précédent.

1. Salir ses habits. — 2. Ne pas fournir à ses besoins.—3. Franchir un ruisseau. — 4. Saisir un voleur.—5. Rougir de honte.—6. Noircir son visage.

134e EXERCICE.

Comme le précédent.

1. Grossir ses économies.—2. Convertir un païen.
—3. Jaunir un mur.—4. Affranchir une lettre.—
5. Ne pas compatir aux peines d'autrui.—6. Agran-
dir son jardin.

135e EXERCICE.

*Conjuguer les verbes suivants alternativement au
présent, à l'imparfait et au passé défini.*

1. Garnir un salon. — 2. Agir sans réflexion.—3.
Amincir un bâton.—4. Ne pas accomplir son devoir.
—5. Jouir des bienfaits de Dieu.— 6. Étourdir les
gens.—7. Rebâtir sa grange.—8. Chérir ses parents.
—9. Ternir une glace. — 10. Fléchir le genou.—11.
Emplir un tonneau.—12. Polir du marbre.

Conjugaison des verbes en **ir** *au futur et au conditionnel présent.*

Modèle.

Fin **IR** le Jeu.

FUTUR.	CONDITIONNEL PRÉSENT.
Je fin *irai.*	Je fin *irais.*
Tu fin *iras.*	Tu fin *irais.*
Il fin *ira.*	Il fin *irait.*
Nous fin *irons.*	Nous fin *irions.*
Vous fin *irez.*	Vous fin *iriez.*
Ils fin *iront.*	Ils fin *iraient.*

136ᵉ EXERCICE.

Conjuguer chacun des verbes suivants d'abord au futur puis au conditionnel présent.

1. Démolir une vieille masure. — 2. Franchir le fossé. — 3. Enfouir son trésor. — 4. Choisir un bon camarade. —5. Ne pas salir ses mains. —6. Assainir sa demeure.

137ᵉ EXERCICE.

Comme le précédent.

1. Ne pas noircir ses doigts. — 2. Rougir de colère. — 3. Blanchir la muraille. —4. Pétrir du pain. —5. Abolir une mauvaise coutume. — 6. Appauvrir ses parents.

138ᵉ EXERCICE.

Comme le précédent.

1. Obéir à son maître. —2. Divertir tout le monde. — 3. Réfléchir avant de parler. — 4. Nourrir un pauvre orphelin. — 5. Ne pas guérir de sa blessure. —6. Punir un insolent.

139ᵉ EXERCICE.

Comme le précédent.

Conjuguer les verbes suivants à la 1ʳᵉ pers. du sing. et à la 1ʳᵉ pers. du plur. de chacun des quatre temps simples de l'indicatif et du conditionnel présent.

1. Bénir la Providence. — 2. Abréger sa route. —
3. Unir deux planches. — 4. Ne pas finir son devoir.
—5. Nettoyer la cour. — 6. Écorcer un arbre. — 7.
Renouveler un avis. — 8. Dégarnir une chambre. —
9. Ressaisir l'objet échappé. — 10. Enlever les toiles
d'araignée.—11. Désobéir à ses supérieurs.—12. Accélérer le pas.

140e EXERCICE.

*Comme le précédent. Chercher l'infinitif et l'écrire
avec le complément en tête du temps.*

1. Vous agissez en étourdi.—2. Elle n'accomplira
pas sa promesse. — 3. Vous logez un parent. — 4.
Nous louâmes une voiture.—5. Nous n'avertîmes pas
à temps.—6. Vous élargiriez l'allée.—7. Il achetait
du pain d'épice. —8. Il mangera des amandes. —
9. Tu pelais une poire.

141e EXERCICE.

Changer le nombre des propositions suivantes.

1. Ce chemin vicinal aboutit à notre commune. —
2. Le bon fils nourrit son père infirme.—3. Vous ne
choisirez pas les meilleures places.—4. Tu subiras ta
juste punition.—5. Le boulanger pétrissait un excellent gâteau. — 6. Des peintres adroits vernirent nos
jolies commodes. — 7. L'égoût assainit la ville. — 8.
Nous punissions les élèves paresseux.—9. Il rétablirait ce vieil usage. — 10. Vous accompliriez vos devoirs.—11. Ce jeu divertira notre jeune enfant.—12.
Je saisirais le voleur audacieux.

142ᵉ EXERCICE.

Comme le précédent.

1. Vous finissiez vos pénibles travaux.—2. Le zélé missionnaire convertira cette peuplade sauvage.—3. Nos frères affranchiront leurs lettres. — 4. Le maître avertit l'écolier bavard et dissipé. — 5. Le pauvre vieillard bénissait cette personne charitable.—6. Vos chèvres timides bondissent dans ces vertes prairies. —7. Deux beaux rosiers fleurissent dans nos parterres. — 8. Elle rougirait de sa faute.—9. Tu bâtirais un vaste magasin. — 10. Les lions rugissaient dans les montagnes voisines. — 11. La rivière grossit le fleuve.—12. Vous dormîtes plusieurs heures.

143ᵉ EXERCICE.

Comme le précédent.

1. Cette douce ondée rafraîchira notre jardinet. — 2. Les renards glapissent dans les bois. — 3. Vous envoyez trois lettres affranchies. — 4. Tu obéiras à ton professeur. — 5. Vous pinciez vos voisins. — 6. Nous partirions sans nos malles.—7. Le coupable pâlit devant son juge.—8. Nous voyagions dans de belles voitures.—9. Nous agrandirons nos appartements trop étroits. — 10. Vous rejetez les mauvais conseils. —11. Cette image coloriée réjouira notre petite fille. —12. Des ouvriers blanchissent les murs des étables.

144ᵉ EXERCICE.

Comme le précédent.

1. Vous réussiriez dans vos entreprises.—2. Nous pelons d'excellentes pommes.—3. Le garde-champê

tre épie ce maraudeur. — 4. Nous calomniâmes nos rivaux.—5. Vous emplîtes ces grands vases.—6. Ce joli lilas embellissait votre jardin. — 7. Ces vilains garçons désobéissent souvent à leurs mères. — 8. Le bon chrétien ne hait pas son ennemi. — 9. Il prie prie pour lui.—10. Il lui pardonne son tort.—11. Tu franchirais un large fossé.—12. Ces habiles médecins guériront les pauvres malades.

145ᵉ EXERCICE.

Comme le précédent.

1. Ce petit tapageur étourdirait notre voisin. — 2. Je le punirais.—3. Vous trahissez vos sentiments.— 4. Elle partira sans son frère.—5. Je favorise l'élève docile et studieux.—6. Tu sortiras avec ton cher ami. 7. Nous emballons des objets fragiles.—8. Le pauvre enfant périssait sans cet homme dévoué.—9. Vous offririez des siéges à ces personnes. — 10. Cette dame charitable établit un asile et une école.—11. Le taureau mugissait dans son étable.—12. Nous visitâmes cette grotte profonde.

TROISIÈME CONJUGAISON.

Verbes en OIR.

136. Le modèle des verbes des verbes de la troisième conjugaison est *recevoir*. En voici la conjugaison :

RECEV OIR.

MODE INDICATIF.

PRÉSENT.

Je reç *ois*.
Tu reç *ois*.
Il reç *oit*.
Nous recev *ons*.
Vous recev *ez*.
Ils reç *oivent*.

IMPARFAIT.

Je rece *ais*.
Tu rece *ais*.
Il recev *ait*.
Nous rece *ions*.
Vous recev *iez*.
Ils recev *aient*.

PASSÉ DÉFINI.

Je reç *us*.
Tu reç *us*.
Il reç *ut*.
Nous reç *ûmes*.
Vous reç *ûtes*.
Ils reç *urent*.

PASSÉ INDÉFINI.

J'ai reç *u*.
Tu as reç *u*.
Il a reç *u*.
Nous avons reç *u*.
Vous avez reç *u*.
Ils ont reç *u*.

PASSÉ ANTÉRIEUR.

J'eus reç *u*.
Tu eus reç *u*.
Il eut reç *u*.
Nous eûmes reç *u*.
Vous eûtes reç *u*.
Ils eurent reç *u*.

PLUS-QUE-PARFAIT.

J'avais reç *u*.
Tu avais reç *u*.
Il avait reç *u*.
Nous avions reç *u*.
Vous aviez reç *u*.
Ils avaient reç *u*.

FUTUR.

Je recev *rai*.
Tu recev *ras*.
Il recev *ra*.
Nous recev *rons*.
Vous recev *rez*.
Ils recev *ront*.

FUTUR ANTÉRIEUR.

J'aurai reç *u*.
Tu auras reç *u*.
Il aura reç *u*.
Nous aurons reç *u*.
Vous aurez reç *u*.
Ils auront reç *u*.

MODE CONDITIONNEL.
PRÉSENT.

Je recev *rais*.
Tu recev *rais*.
Il recev *rait*.
Nous recev *rions*.
Vous recev *riez*.
Ils recev *raient*.

PASSÉ (1ʳᵉ *forme*).

J'aurais reç *u*.
Tu aurais reç *u*.
Il aurait reç *u*.
Nous aurions reç *u*.
Vous auriez reç *u*.
Ils auraient reç *u*.

PASSÉ (2ᵉ *forme*.)

J'eusse reç *u*.
Tu eusses reç *u*.
Il eût reç *u*.
Nous eussions reç *u*.
Vous eussiez reç *u*.
Ils eussent reç *u*.

MODE IMPÉRATIF.

Reç *ois* (2ᵉ *per. du sing.*)
Recev *ons* (1ʳᵉ *p. du pl.*)
Recev *ez* (2ᵉ *per. du pl.*)

MODE SUBJONCTIF.
PRÉSENT.

Que je reç *oive*.
Que tu reç *oives*.
Qu'il reç *oive*.
Que nous recev *ions*.

Que vous recev *iez*.
Qu'ils reç *oivent*.

IMPARFAIT.

Que je reç *usse*.
Que tu reç *usses*.
Qu'il reç *ût*.
Que nous reç *ussions*.
Que vous reç *ussiez*.
Qu'ils reç *ussent*.

PASSÉ.

Que j'aie reç *u*.
Que tu aies reç *u*.
Qu'il ait reç *u*.
Que nous ayons reç *u*.
Que vous ayez reç *u*.
Qu'ils aient reç *u*.

PLUS-QUE-PARFAIT.

Que j'eusse reç *u*.
Que tu eusses reç *u*.
Qu'il eût reç *u*.
Que nous eussions reç *u*.
Que vous eussiez reç *u*.
Qu'ils eussent reç *u*.

MODE INFINITIF.
PRÉSENT.

Recev *oir*.

PASSÉ.

Avoir reç *u*.

PARTICIPE.
PRÉSENT.

Recev *ant*.

PASSÉ.

Reç *u ou* ayant reç *u*.

Conjugaison des verbes en **oir** *au présent de l'indicatif.*

Modèle.

Recev **OIR** des éloges.

PRÉSENT.

Je reç *ois.*
Tu reç *ois.*
Il reç *oit.*
Nous rec *ons.*
Vous recev *ez.*
Ils reç *oivent.*

REMARQUE. — Dans tous les verbes en *cevoir*, comme *recevoir*, on met une cédille sous le **c** quand il est suivi d'un **o** ou d'un **u** : Il reç *oit*, il reç *ut.*

146e EXERCICE.

Conjuguer les verbes suivants au présent de l'indicatif

1. Apercevoir un vaisseau éloigné. — 2. Percevoir les impôts.—3. Concevoir de la haine.—4. Devoir le respect aux vieillards. — 5. Ne pas décevoir l'espérance de sa mère.—6. Avoir de la franchise.

Conjugaison des verbes en **oir** *à l'imparfait de l'indicatif et au passé défini.*

Modèle.

Recev **OIR** des éloges.

IMPARFAIT.	PASSÉ DÉFINI.
Je recev *ais.*	Je reç *us.*
Tu recev *ais.*	Tu reç *us.*
Il reecv *ait.*	Il reç *ut.*
Nous recev *ions.*	Nous reç *ûmes.*
Vous recev *iez.*	Vous reç *ûtes.*
Ils recev *aient.*	Ils reç *urent.*

147e EXERCICE.

Conjuguer chacun des verbes du 146e ex. d'abord à l'imparfait de l'indicatif puis au passé défini.

———

Conjugaison des verbes en **oir** *au futur et au conditionnel présent.*

Modèle.

Recev **OIR** des éloges.

FUTUR.	CONDITIONNEL PRÉSENT.
Je recev *rai.*	Je recev *rais.*
Tu recev *ras.*	Tu recev *rais.*
Il recev *ra.*	Il recev *rait.*
Nous recev *rons.*	Nous recev *rions.*
Vous recev *rez.*	Vous recev *riez.*
Ils recev *ront.*	Ils recev *raient.*

148e EXERCICE.

Conjuguer chacun des verbes du 146e exercice, d'abord au futur puis au conditionnel présent.

149e EXERCICE. (Récapitulation).

Conjuguer les verbes suivants aux temps indiqués.

1. Aimer la vérité. (*Prés.*)—2 Définir le sens d'un mot. (*Imp.*)—3. Rayer un nom. (*Fut.*)—4. Recevoir une lettre. (*Pas. déf.*)—5. Ne pas consentir à une mauvaise action. (*Cond. prés.*)—6. Appeler sa sœur. (*Prés.*)—7. Soulager les malheureux. (*Pas. déf.*)— 8. Redevoir peu de chose. (*Imp.*) — 9. Cueillir une rose. (*Pas déf.*)—10. Ne pas espérer un prix. (*Prés.*) 11. Avoir bon cœur. (*Fut.*)—12. Remplacer un habit usé. (*Imp.*)

Accord du verbe avec le sujet.

137. 2e RÈGLE. — Le verbe qui a *plusieurs sujets* de la *même personne*, se met à *cette personne* et au *pluriel*.

Ex. : Mon frère et ma sœur arriveront ce soir.

Le verbe *arriveront* est à la 3e *personne du pluriel* parce que les deux sujets *mon frère* et *ma sœur* sont l'un et l'autre de la 3e *personne* et qu'ils forment ensemble un *pluriel*.

150e EXERCICE.

Changer le nombre des propositions suivantes. Dans celles qui sont du singulier, remplacer le sujet singulier par le sujet pluriel qui se trouve entre () à la fin de la proposition. Dans celles qui sont au pluriel supprimer les mots écrits en italique.

1re Ex. : Mon oncle recevra ma lettre aujourd'hui. *(Mon oncle et ma tante.)*

Ecrivez : Mon oncle et ma tante recevront mes lettres aujourd'hui.

2e Ex. : Le lion *et le tigre* déchirent leurs proies.

Ecrivez : Le lion déchire sa proie.

1. Le singe aime la noix. *(Le singe et l'écureuil)*. —2. Le cheval est un animal utile. *(Le cheval et l'âne)*. — 3. La biche *et le faon* tombèrent sous les balles de ces chasseurs intrépides. — 4. Mon père *et ma mère* ne partirent pas hier. —5. La veuve priait sur la tombe du pauvre défunt. *(La veuve et l'orpheline)*.—6. Le curé *et son vicaire* soulagèrent ces personnes indigentes. — 7. L'instituteur reçut une belle récompense. *(L'instituteur et l'institutrice)*. — 8. Mon cousin n'avait pas de parapluie. *(Mon cousin et ma cousine)*.—9. *Jules et* Henri réussirent dans leurs examens. —10. La charrette culbuta dans ce chemin boueux. *(La charrette et le tombereau)*—11. Le grand air fortifiera ce jeune garçon. *(Le grand air et l'exercice)*.—12. Notre chien *et le vôtre* aboient toutes les nuits.

151e EXERCICE.

Comme le précédent.

1. Le colza *et l'œillette* sont des graines oléagineuses.—2. Le rossignol me réjouit par son chant. *(Le rossignol et la fauvette)*. — 3 Le renard dévasta notre poulailler. *(Le renard et la fouine.)* — 4. Ce *marronnier et ce tilleul* embelliraient nos habita-

lions.—5. Fénelon *et Bossuet* étaient d'illustres écrivains.—6. Paris est une ville populeuse. *(Paris et Londres).*—7. La Seine *et la Loire* coulent en France.—8. *César et* Napoléon furent de grands capitaines.—9. La souris est un petit animal rongeur. *(La souris et le rat).* — 10 Votre champ sera plus fertile après ce profond labour. *(Votre champ et le nôtre).* —11. Ton frère nourrissait un joli lapin. *(Ton frère et le mien).*—12. Notre père *et notre* oncle n'apercevront pas nos signaux.

152ᵉ EXERCICE.

Comme le précédent.

1. Ce rosier orne notre parterre. *(Ce rosier et ces tulipes).*—2. Charles *et son cousin* auront des prix. —3. Cette pêche est délicieuse. *(Cette pêche et ce raisin).*—4. Le premier *et le second* eurent des bons points.—5. Joseph *et Henri* ont des habits neufs. — 6. Ce négociant me doit une somme considérable. *(Ce négociant et son associé).* — 7. Cette toile est bleue. *(Cette toile et ce drap).* — 8. Ce petit garçon hait le mensonge. *(Ce petit garçon et cette petite fille).* — 9. Le singe grimpe à l'arbre. *(Le singe et l'ours).*—10. L'éléphant *et l'hippopotame* sont des animaux herbivores.—11. Le lion *et le tigre* sont carnivores.—12. Votre frère finira son devoir dans une heure. *(Votre frère et Louis).*

QUATRIÈME CONJUGAISON.

Verbe en RE.

138. Le modèle des verbes de la quatrième conjugaison est *rendre.* En voici la conjugaison :

RENDRE.

MODE INDICATIF.

PRÉSENT.

Je rend *s*.
Tu rend *s*.
Il rend.
Nous rend *ons*.
Vous rend *ez*.
Ils rend *ent*.

IMPARFAIT.

Je rend *ais*.
Tu rend *ais*.
Il rend *ait*.
Nous rend *ions*.
Vous rend *iez*.
Ils rend *aient*.

PASSÉ DÉFINI.

Je rend *is*.
Tu rend *is*.
Il rend *it*.
Nous rend *îmes*.
Vous rend *îtes*.
Ils rend *irent*.

PASSÉ INDÉFINI.

J'ai rend *u*.
Tu as rend *u*.
Il a rend *u*.
Nous avons rend *u*.
Vous avez rend *u*.
Ils ont rend *u*.

PASSÉ ANTÉRIEUR.

J'eus rend *u*.
Tu eus rend *u*.
Il eut rend *u*.
Nous eûmes rend *u*.
Vous eûtes rend *u*.
Ils eurent rend *u*.

PLUS-QUE-PARFAIT.

J'avais rend *u*.
Tu avais rend *u*.
Il avait rend *u*.
Nous avions rend *u*.
Vous aviez rend *u*.
Ils avaient rend *u*.

FUTUR.

Je rend *rai*.
Tu rend *ras*.
Il rend *ra*.
Nous rend *rons*.
Vous rend *rez*.
Ils rend *ront*.

FUTUR ANTÉRIEUR.

J'aurai rend *u*.
Tu auras rend *u*.
Il aura rend *u*.
Nous aurons rend *u*.
Vous aurez rend *u*.
Ils auront rend *u*.

MODE CONDITIONNEL.
PRÉSENT.

Je rend *rais*.
Tu rend *rais*.
Il rend *rait*.
Nous rend *rions*.
Vous rend *riez*.
Ils rend *raient*.

PASSÉ (1ʳᵉ *forme*)

J'aurais rend *u*.
Tu aurais rend *u*.
Il aurait rend *u*.
Nous aurions rend *u*.
Vous auriez rend *u*.
Ils auraient rend *u*.

PASSÉ 2ᵉ *(forme)*.

J'eusse rend *u*.
Tu eusses rend *u*.
Il eût rend *u*.
Nous eussions rend *u*.
Vous eussiez rend *u*.
Ils eussent rend *u*.

MODE IMPÉRATIF.

Rend *s (2ᵉ pers. du sing.)*
Rend *ons (1ʳᵉ per. du pl.)*
Rend *ez (2ᵉ per. du pl.)*

MODE SUBJONCTIF.
PRÉSENT.

Que je rend *e*.
Que tu rend *es*.
Qu'il rend *e*.
Que nous rend *ions*.
Que vous rend *iez*.
Qu'ils rend *ent*.

IMPARFAIT.

Que je rend *isse*.
Que tu rend *isses*.
Qu'il rend *ît*.
Que nous rend *issions*.
Que vous rend *issiez*.
Qu'ils rend *issent*.

PASSÉ.

Que j'aie rend *u*.
Que tu aies rend *u*.
Qu'il ait rend *u*.
Que nous ayons rend *u*.
Que vous ayez rend *u*.
Qu'ils aient rend *u*.

PLUS-QUE-PARFAIT.

Que j'eusse rend *u*.
Que tu eusses rend *u*.
Qu'il eût rend *u*.
Que nous eussions rend *u*.
Que vous eussiez rend *u*.
Qu'ils eussent rend *u*.

MODE INFINITIF.
PRÉSENT.

Rend *re*.

PASSÈ.

Avoir rend *u*.

PARTICIPE.
PRÉSENT.

Rend *ant*.

PASSÉ.

Rend*u ou* ayant rend *u*.

Conjugaison des verbes en re au présent de l'indicatif

Modèle.

Rend **RE** le bien pour le mal.

PRÉSENT.

Je rend *s*.
Tu rend *s*.
Il rend.
Nous rend *ons*.
Vous rend *ez*.
Ils rend *ent*.

153e EXERCICE.

Conjuguer les verbes suivants au présent de l'indicatif

1. Vendre sa maison. —2. Tendre un piége. —3. Descendre d'un rang.—4. Attendre un ami.—5. Entendre la messe.—6. Ne pas prétendre à la meilleure place.—7. Répandre une fausse nouvelle.—8. Suspendre une lampe.—9. Répondre sans réfléchir.—10. Mordre ses voisins.

154e EXERCICE.

Comme le précédent.

1. Tondre les moutons. — 2. Correspondre avec sa sœur. — 3. Perdre au jeu. — 4. Fendre une bûche. — 5. Etendre du linge. —6. Tordre un drap mouillé. — 7. Confondre un menteur. — 8. Revendre un meuble inutile. — 9. Détendre un arc. — 10. Redescendre avec rapidité.

Conjugaison des verbes en re *à l'imparfait de l'indicatif et au passé défini.*

Modèle.

Rend RE le bien pour le mal.

IMPARFAIT.	PASSÉ DÉFINI.
Je rend *ais*.	Je rend *is*.
Tu rend *ais*.	Tu rend *is*.
Il rend *ait*.	Il rend *it*.
Nous rend *ions*.	Nous rend *îmes*.
Vous rend *iez*.	Vous rend *îtes*.
Ils rend *aient*.	Ils rend *irent*.

155e EXERCICE.

Conjuguer chacun des verbes suivants, d'abord à l'imparfait, puis au passé défini.

1. Abattre un arbre. — 2. Ne pas interrompre le lecteur. — 3. Combattre l'ennemi. — 4. Refondre des cuillers. — 5. Rompre une chaîne. — 6. Battre du blé.

156e EXERCICE.

Comme le précédent.

1. Fendre une glace. — 2. Défendre l'innocent. — 3. Ne pas descendre à la cave. — 4. Tondre une brebis. — 5. Débattre le prix d'une étoffe. — 6. Répondre une grossièreté.

157e EXERCICE.

Comme le précédent ; mais écrire d'abord la 1re pers. du sing. et la 1re pers. du plur. du présent de l'ind.

1. Prétendre avoir toujours raison. — 2. Perdre son porte-monnaie. — 3. Correspondre avec ses parents. — 4. Tendre une corde. — 5. Répandre du grain. — 6. Ne pas suspendre ses occupations.

Conjugaison des verbes en **re** au futur et au conditionnel présent.

Modèle,

Rend RE le bien pour le mal.

FUTUR.	CONDITIONNEL PRÉSENT
Je rend *rai.*	Je rend *rais.*
Tu rend *ras.*	Tu rend *rais.*
Il rend *ra.*	Il rend *rait.*
Nous rend *rons.*	Nous rend *rions.*
Vous rend *rez.*	Vous rend *riez.*
Ils rend *ront.*	Ils rend *raient.*

158ᵉ EXERCICE.

Conjuguer chacun des verbes suivants d'abord au futur puis au conditionnel présent.

1. Prendre le bien d'autrui. — 2. Craindre Dieu. — 3. Ecrire une lettre. — 4. Lire à haute voix. — 5. Ne pas apprendre sa leçon. — 6. Rejoindre un camarade.

159ᵉ EXERCICE.

Comme le précédent.

1. Transcrire le devoir corrigé. — 2. Surprendre nne voleur. — 3. Joindre les deux extrémités. — 4.

Reprendre haleine. — 5. Comprendre sa leçon. —
6. Ne pas éteindre la bougie.

160ᵉ EXERCICE.

*Comme le précédent; mais écrire d'abord la 1ʳᵉ pers.
du sing. et la 1ʳᵉ pers. du plur. du prés , de
l'imp. et du passé défini.*

1. Vendre à juste prix. — 2. Mordre le bras d'un
camarade. — 3. Entendre le tonnerre. — 4. Ne pas
rendre une chose trouvée. — 5. Attendre des nouvelles. — 6. Fendre un vieux mur.

161ᵉ EXERCICE (Récapitulation).

Conjuguer les verbes suivants aux temps indiqués.

1. Frayer le chemin (*Fut.*) — 2. Etendre un tapis.
(*Prés.*) — 3. Recevoir un paquet. (*Imp.*) — 4. Ne pas
permettre de sortir. (*Fut.*) — 5. Jouer au colin-mail-
lard. (*Fut.*) — 6. Approfondir un trou. (*Prés.*) — 7.
Ressentir une vive douleur. (*Pas. déf.*) — 8. Mettre
ses gants. (*Imp.*) — 9. Percevoir les impôts. (*Prés.*)
— 10. Détordre une ficelle. (*Prés.*) — Ne pas commettre une mauvaise action. (*Cond. prés.*) — 12.
Tracer une ligne. (*Pas. déf.*)

162ᵉ EXERCICE.

Comme le précédent.

1. Soulever le couvercle. (*Prés.*) — 2. Reprendre
son travail. (*Fut.*) — 3. Maugréer contre tout le
monde. (*Cond. prés.*) — 4 Concevoir du mépris pour
ses semblables. (*Pas. déf.*) — 5. Etre malade. (*Prés.*)

6. Ne pas accéder à une juste demande. (*Fut.*) — 7. Abréger sa route. (*Imp.*) — 8. Mentir pour excuser un camarade (*Pas. déf.*)

163e EXERCICE.

Conjuguer chaque verbe au temps indiqué par la personne à laquelle il est écrit. — Trouver d'abord l'infinitif et l'écrire en tête du temps.

1. Nous ne remettrons pas notre voyage au lendemain. — 2. Tu *fus* paresseux. — 3. Elle *eut* un joli livre. — 4. Vous rendez service. — 5. Ils arrondissaient leurs bourses. — 6. Nous recevons un prix. — 7. Je promettais de bien faire. — 8. Nous rachetons nos fautes par une meilleure conduite..

164e EXERCICE.

Changer le nombre des propositions suivantes.

1. Cette personne vaniteuse prétend à la meilleure place. — 2. Nous vendîmes nos maisons à ces riches rentiers. — 3. Vous attendez vos frères. — 4. Vous entendez des chants joyeux. — 5. Elle mettra sa jolie robe blanche. — 6. Ils commettraient de mauvaises actions. — 7. Tu vaincras l'ennemi. — 8. Ces jeunes garçons tendent leurs filets pour prendre des chardonnerets. — 9. Ce chien hargneux mordit notre enfant à la jambe. — 10. Tu ne compris pas ce problème difficile. — 11. Il répand une fausse nouvelle. — 12. Les vigoureux bûcherons abattront ces hauts chênes,

165e EXERCICE.

Comme le précédent.

1. Le berger tondit son troupean. — 2. Nos poules pondirent quatre œufs hier. — 3. Ce joueur passionné perd une somme énorme. — 4. Un avocat habile défendra l'accusé. — 5. Des servantes maladroites fendirent nos belles glaces.— 6. Avec de l'engrais ce champ produirait une abondante récolte. — 8. Tu mettras ton sou dans ta bourse. — 8. Il revendit ce mauvais cheval — 9. Notre mère ne sera pas contente de ce devoir négligé. — 10. Ces méchants enfants battaient leurs petits camarades.—11. Nous écrivons des lettres à nos amis. — 12. Vous descendez des escaliers raides et étroits.

166e EXERCICE.

Comme le précédent.

1. Notre sœur ne comprendra pas cette langue étrangère. — 2. Tu reçus un joli cadeau. — 3. Vous rompîtes ces gros bâtons. — 4. Un hibou habite dans cette vieille tour.—5. Le coucou chante dans ce bois touffu.—6. Ces lilas fleurissent tous les années. — 7. Nous organisions des jeux divertissants. — 8. Vous confondez souvent les prépositions avec les conjonctions.—9. L'élève dissipé joue très-volontiers pendant la classe. — 10. Vous devez rendre les objets trouvés à leurs propriétaires. — 11. Il peindra cette porte neuve.—12. Vous engagiez vos jeunes condisciples à commettre des actions coupables.

167ᵉ EXERCICE.

*Comme le précédent.—Seulement pour les proposi-
tions qui renferment plusieurs sujets , se reporter
au 150ᵉ exercice.*

1. Ernest lira un livre instructif. (*Ernest et Philippe*).—2. Tu désobéis à ton maître. — 3. Vous in-
juriez ces respectables vieillards. — 4. Le charron *et
son fils* équarissaient de gros ormes. — 5. Jules sus-
pendit son jeu bruyant. (*Jules et son frère*). — 6.
L'abeille butine sur la fleur. — 7. Mon chien pour-
suivit un lièvre magnifique. (*Mon chien et le vôtre*).
—8. Je nouais ma cravate. — 9. Le hérisson dévore
le scarabée, la limace et le ver blanc.—10. Je recom-
manderai au jardinier de ne pas détruire cet animal
utile.—11. La gelée *et la neige* nous forcèrent d'interrompre nos travaux.—12. La herse est un instrument aratoire. (*La herse et l'extirpateur*).

168ᵉ EXERCICE.

Comme le précédent.

1. L'oiseau voltige dans l'air. — 2. Ces cavaliers
montent de vigoureux chevaux.— 3. Les loups affamés dévorèrent deux pauvres moutons.—4. Le vautour poursuivait la timide colombe. (*Le vautour et
l'épervier*).—5. Auguste savait sa leçon. (*Auguste et
Jean*).—6. Mon fils *et le vôtre* présentèrent à leurs
professeurs des devoirs négligés.—7. Ils reçurent de
justes réprimandes—8. Le sapin *et l'if* restent toujours
verts.—9. Le cri lugubre du hibou et de la chouette
retentissait à mon oreille.—10. Ces vaisseaux essuyè-
rent de violentes tempêtes.—11. Le diamant est une

pierre précieuse. *(Le diamant , la topaze et l'éme-raude).*—12. Vous répondrez facilement à ces questions si simples et si claires.

MODE IMPÉRATIF.

159. L'impératif s'emploie pour commander, prier ou exhorter : *Étudiez* vos leçons ; Seigneur *ayez* pitié de nous ; jeunes enfants , *aimez* et *pratiquez* la vertu.

Conjugaison à l'impératif des verbes en er *et en* ir.

MODÈLES.

AIM ER Dieu.   FIN IR le jeu.
  Impératif.   *Impératif.*

Aim *e.*   Fin *is.*
Aim *ons.*   Fin *issons.*
Aim *ez.*   Fin *issez.*

1ʳᵉ REMARQUE. — A *l'impératif* , les verbes n'ont point de *première* ni de *troisième personne du singulier*, ni de *troisième personne du pluriel*.

2ᵉ REMARQUE. — Le mode *impératif* n'a point de *passé*, car on ne peut commander , prier ou exhorter pour un temps qui n'est plus.

169ᵉ EXERCICE.

Conjuguer les verbes suivants à l'impératif.

1. Ecouter le maître. — 2. Grandir en sagesse. — 2. Soulager les pauvres.—4. Prier Dieu.—5. Saisir

le malfaiteur.—6. Jouir de sa bonne action.—7. Déjeuner à la hâte.—8. Ne pas emplir le seau.

170e EXERCICE.

Comme le précédent.

1. Ralentir sa course.—2. Ne pas changer de vêtements.—3. Appeler le domestique.—4. Déguerpir sans bruit.—5. Affranchir sa lettre.—6. Avancer la main.—7. Fléchir les genoux.—8. Promener sa petite sœur.

Conjugaison à l'impératif des verbes en **oir** et en **re**

MODÈLES.

RECEV OIR des éloges.   REND RE le bien pour le mal.
Impératif.   *Impératif.*

Reçv *ois.*   Rend *s.*
Recev *ons.*   Rend *ons.*
Recev *ez.*   Rend *ez.*

171e EXERCICE.

Conjuguer les verbes suivants à l'impératif.

1. Apercevoir ses défauts.—2. Défendre son honneur.—3. Descendre de sa place.—4. Suspendre ses occupations. — 5. Ne pas décevoir l'espérance de sa mère. — 6. Entendre la messe chaque dimanche. — 7. Attendre le facteur.—8. Ne pas perdre ses bonnes habitudes.

172ᵉ EXERCICE.

Comme le précédent.

1. Rompre avec un mauvais camarade. —2. Ne pas rire d'un malheureux estropié. —3. Etendre son mouchoir.—4. Ne jamais concevoir de la jalousie. —5. Répondre toujours poliment.—6. Tendre un lacs. —7. Vendre sa propriété.—8. Ne pas prétendre tout savoir.

173ᵉ EXERCICE.

Comme le précédent.

1. Penser souvent à l'autre vie.—2. Jouer après la classe.—3. Finir sa page.—4. Ne pas imiter les paresseux. —5. Recevoir le prix de son travail. —6. *Etre* courageux.—7. *Avoir* le goût de l'étude. —8. Espérer en Dieu.—9. Ne pas rougir de sa pauvreté. —10. Rendre service avec plaisir.

174ᵉ EXERCICE.

Changer le nombre des propositions suivantes.

1. N'oubliez pas vos prières. —2. Récitez-les avec attention. — 3. Mon cher enfant, finis ton devoir. — Rends le à ton professeur. — 5. Portez ces lettres à leurs adresses. — 6. Mes jeunes amis, ne recevez jamais dans votre société ces petits polissons.—7. Payez vos dettes.—8. Fendez ces grosses bûches.—9. Imite le bon exemple. — 10. Cedez ces jouets à vos sœurs. —11. Ne salissez pas vos habits. — 12. Démolissez ces murailles crevassées.

175e EXERCICE.

Comme le précédent.

1. Soulevez ces lourds ballots. — 2. Sois attentif à la leçon de ton maître. — 3. Ayez du respect pour ces bons vieillards. — 4. Rougissez de vos fautes. — 5. Jetez vos hameçons dans ces étangs poissonneux. — 6. Achetez ces jolies gravures. — 7. Blanchis ce mur. — 8. Appelle ton frère. — 9. Ne vendez pas ces excellents chevaux. — 10. Approfondissez ces réservoirs. — 11. Épelez ces mots difficiles. — 12. Ne répandez jamais de bruits calomnieux.

VERBES IRRÉGULIERS.

140. On appelle *verbes irréguliers* ceux qui ne suivent pas, dans *un* ou *plusieurs* de leur *temps*, le *modèle* de la conjugaison à laquelle ils appartiennent.

Les *verbes réguliers* sont, au contraire, ceux qui *suivent* ce *modèle.*

Verbes irréguliers conjugués aux quatre temps simples de l'indicatif, au conditionnel présent et à l'impératif.

PREMIÈRE CONJUGAISON.

ALLER en classe.

INDICATIF PRÉSENT : Je vais ou *je vas*, tu vas, il va, nous allons, vous allez, ils vont.

12

Imparfait : J'allais... nous allions...

Passé défini : J'allai... nous allâmes...

Futur : J'irai, tu iras. il ira, nous irons, vous irez, ils iront.

Conditionnel présent : J'irais .. nous irions...

Impératif : Va , allons , allez.

ENVOYER une lettre.

Indicatif présent : J'envoie... nous envoyons...

Imparfait : J'envoyais... nous envoyions...

Passé défini : J'envoyai... nous envoyâmes...

Futur : J'enverrai, tu enverras, il enverra, nous enverrons, vous enverrez, ils enverront.

Conditionnel présent : J'enverrais... nous enverrions...

Impératif : Envoie, envoyons, envoyez

Renvoyer se conjuge comme *envoyer*.

176ᵉ EXERCICE.

Conjuguer les verbes suivants aux quatre temps simples de l'indicatif, au conditionnel présent et à l'impératif.

1. Aller à la messe. — 2. Envoyer une lettre. — 3. Renvoyer un mauvais élève.

DEUXIÈME CONJUGAISON.

Les verbes irréguliers de la deuxième conjugaison se partagent en plusieurs séries à chacune desquelles on peut donner un modèle (1).

PREMIER MODÈLE.	DEUXIÈME MODÈLE.
O F F R I R un bouquet.	SORT IR de grand matin.

Indicatif présent

J'offr *e*.	Je sor *s*.
Tu offr *es*.	Tu sor *s*.
Il offr *e*.	Il sort.
Nous offr *ons*.	Nous sort *ons*.
Vous offr *ez*.	Vous sort *ez*.
Ils offr *ent*.	Ils sort *ent*.

Imparfait.

J'offr *ais*.	Je sort *ais*.

Passé défini.

J'offr *is*.	Je sort *is*.

Futur.

J'offr *irai*.	Je sort *irai*.

Conditionnel présent.

J'offr *irais*.	Je sort *irais*.

Impératif.

Offr *e*, etc.	Sor *s*, etc.

[1] Il est heureux de penser que pour toutes les bizarreries de la conjugaison, l'usage viendra en aide aux enfants autant et peut-être plus que ces diverses classifications. Aussi ne donnons-nous celles-ci que pour que l'élève puisse y recourir en cas d'hésitation ou d'ignorance.

1ʳᵉ REMARQUE. — Le verbe *cueillir*, se conjugue comme *offrir*, excepté au *futur* et au *conditionnel présent*, où il fait : *je cueillerai*, *je cueillerais*, comme les verbes de la première conjugaison.

Il en est de même des verbes composés *accueillir* et *recueillir*.

2ᵉ REMARQUE. — Le *conditionnel présent* se forme toujours du *futur* en ajoutant **s** à la première personne du singulier.

Ex. : Accueillir, *futur* : J'accueillerai, *cond. prés.* : J'accueillerais.

3ᵉ REMARQUE. — Pour avoir l'impératif, il suffit de supprimer les pronoms *je, nous, vous*, au présent de l'indicatif.

Ex : INDICATIF PRÉSENT : J'accueille, nous accueillons, vous accueillez.

IMPÉRATIF : *Accueille, accueillons, accueillez.*

Il y a quelques rares exceptions qui seront indiquées en temps utile.

177ᵉ EXERCICE.

Conjuguer les verbes suivants au présent et à l'imparfait de l'indicatif, en indiquant le modèle qui convient à chacun d'eux.

(La même indication devra se faire dans les exercices suivants.)

1. Ouvrir la fenêtre. — 2. Dormir d'un profond sommeil. — 3. Mentir pour éviter une punition. — 4. Souffrir en silence. — 5. Ne pas consentir au mal. — 6. Tressaillir de joie.

178ᵉ EXERCICE.

Conjuguer les verbes du 177ᵉ exercice au passé défini et au futur.

179ᵉ EXERCICE.

Conjuguer les verbes du 177ᵉ exercice au condition-nel présent et à l'impératif.

180ᵉ EXERCICE.

Conjuguer les verbes suivants aux temps indiqués.

1. Sentir une vive douleur. *(Ind. prés.)* — 2. En-tr'ouvrir la porte. *(Imp.)*—3. Sortir de bonne heure. *(Pas. déf.)* — 4. Partir en voyage. *(Fut.)* — 6. Cueil-lir une fleur. *(Cond. prés.)* — 6. Servir Dieu. *(Impé-ratif.)*

TROISIÈME MODÈLE : *TENIR.*

INDICATIF PRÉSENT : Je tiens, tu tiens, il tient, nous tenons, vous tenez, ils tiennent.

IMPARFAIT : Je tenais.... nous tenions....

PASSÉ DÉFINI : Je tins.... nous tînmes, vous tîn-tes....

FUTUR : Je tiendrai.... nous tiendrons....

QUATRIÈME MODÈLE : *MOURIR.*

INDICATIF PRÉSENT : Je meurs, tu meurs, il meurt, nous mourons, vous mourez, ils meurent.

IMPARFAIT : Je mourais.... nous mourions....

PASSÉ DÉFINI : Je mourus.... nous mourûmes....

FUTUR : Je mourrai.... nous mourrons....

CINQUIÈME MODÈLE : *ACQUÉRIR.*

INDICATIF PRÉSENT : J'acquiers, tu acquiers, il acquiert, nous acquérons, vous acquérez, ils acquièrent.

IMPARFAIT : J'acquérais.... nous acquérions....

PASSÉ DÉFINI : J'acquis.... nous acquîmes....

FUTUR : J'acquerrai.... nous acquerrons....

181e EXERCICE.

Conjuguer les verbes suivants au présent et à l'imparfait de l'indicatif.

1. Soutenir un mensonge. — 2. Courir au secours. — 3. Acquérir de l'instruction. — 4. Obtenir un prix. — 5. Recourir souvent à la prière. — 6. Requérir une grande attention.

182e EXERCICE.

Conjuguer les verbes du 181e exercice au passé défini et au futur.

183e EXERCICE.

Conjuguer les verbes du 181e exercice au conditionnel et à l'impératif.

184e EXERCICE.

Conjuguer les verbes suivants aux temps indiqués.

1. Appartenir à Jésus-Christ. *(Ind. prés.).* — 2. Secourir les malheureux. *(Imparf).* — 3. Acquérir une maison. *(Pas. déf).* — 4. Contenir son indigna-

tion. (*Fut.*) — 5. Accourir près de sa mère malade. (*Cond. prés.*)—6. Tenir sa promesse. (*Impér.*) — 7. Mourir en état de grâce. (*Ind. prés.*) — 8. Parcourir la campagne. (*Fut.*)—9. Conquérir la première place. (*Cond. prés.*) — 10. Ne pas retenir le bien d'autrui. (*Pas. déf.*)

SIXIÈME MODÈLE : VÉTIR.

INDICATIF PRÉSENT : Je vêts, tu vêts, il vêt , nous vêtons, vous vêtez, ils vêtent.

IMPARFAIT : Je vêtais... nous vêtions...

PASSÉ DÉFINI : Je vêtis... nous vêtîmes.

FUTUR : Je vêtirai... nous vêtirons.

SEPTIÈME MODÈLE : FUIR.

INDICATIF PRÉSENT : Je fuis, tu fuis, il fuit , nous fuyons, vous fuyez, ils fuient.

IMPARFAIT : Je fuyais... nous fuyions...

PASSÉ DÉFINI : Je fuis .. nous fuîmes...

FUTUR : Je fuirais... nous fuirons... ·

BOUILLIR.

Le verbe *bouillir* est seul de son espèce. En voici la conjugaison :

INDICATIF PRÉSENT : Je bous , tu bous , il bout, nous bouillons, vous bouillez, ils bouillent.

IMPARFAIT : Je bouillais... nous bouillions...

PASSÉ DÉFINI : Je bouillis... nous bouillîmes...

FUTUR : Je bouillirai... nous bouillirons.

185ᵉ EXERCICE.

Conjuguer les verbes suivants au présent et à l'imparfait de l'indicatif.

1. Vêtir les pauvres.—2. Fuir les mauvaises com-

pagnies.—3. Bouillir de colère.—4. Revêtir ses plus beaux habits.

186e EXERCICE.

Conjuguer les verbes du 185e exercice au passé défini et au futur.

187e EXERCICE.

Conjuguer les verbes du 185e exercice au condition- nel présent à l'impératif.

188e EXERCICE.

Conjuguer les verbes suivants aux temps indiqués.

1. Offrir un siége. *(Ind. prés.)* — 2. Soulager les indigens. *(Imparf.)*—3. Soutenir uu vieillard. *(Pas. déf.)* —4. Aller à Paris. *(Fut.)* — 5. Pressentir un malheur. *(Imparf.)*—6. Haïr ses ennemis. *(Ind. pr.)* —7. Vendre à crédit. *(Ind. prés.)*—8. Ne pas payer ses dettes. *(Cond. prés.)* — 9. Apercevoir un arc-en- ciel. *(Passé. déf.)* — 10. Ne pas sortir trop tard. *(Impér.)*

189e EXERCICE.

Changer le nombre des propositions suivantes.

1. Je soutiendrai cette personne infirme.—2. Nous partons pour de longs voyages. — 3. Cette bonne dame vêt ce pauvre orphelin.—4. Elle le nourrit.—5. Vous contenez votre colère.—6. Nous acquérons deux jolies maisons.—7. Nous les habiterons.—8. Les cerfs courent dans les forêts. — 9. Cet enfant soutint son

mensonge.—10. Tu obtins le premier le prix. — 11. Les magistrats requièrent la force armée. — 12. Vous bouillez d'impatience.

190ᵉ EXERCICE.

Comme le précédent.

1. Recourez souvent à la prière. — 2. Nous maintenons ces justes punitions. — 3. Mes frères préviendront leurs amis de leur prochain départ.—4. Le prêtre revêt ses habits sacerdotaux. — 5. Ce vaillant capitaine conquit une riche province.—6. Ne retenez jamais le salaire des ouvriers.—7. Payez-les de leurs peines. —8. Nous devons suivre ces bons conseils. ——9. Je tiendrai ma promesse.—10. Les lions sortent de leur cavernes pour épier les gazelles, les surprendre et les dévorer —11. Ces routes aboutissent à la ville voisine.—12. Cette belle propriété m'appartient.

TROISIÈME CONJUGASION.

Les verbes irréguliers de la troisième conjugaison présentent de telles bizarreries qu'il serait peu utile d'essayer de les diviser en séries ayant chacune un modèle.

Voici la conjugaison sommaire des principaux de ces verbes.

VOIR.

INDICATIF PRÉSENT : Je vois, tu vois, il voit, nous voyons, vous voyez, ils voient.

IMPARFAIT : Je voyais... nous voyions...

PASSÉ DÉFINI : Je vis... nous vîmes...

Futur : Je verrai... nous verrons...

Conjuger comme *voir* les verbes *revoir* et *entrevoir*.

Remarque. — Le verbe *prévoir* se conjugue aussi sur *voir*, excepté au *futur* : *Je prévoirai*.

Le verbe *pourvoir* se conjugue également sur *voir* au *présent* et à l'*imparfait* ; mais on dit au *passé défini* : *Je pourvus*, et au *futur* : *Je pourvoirai*.

ASSEOIR.

Indicatif présent : J'assieds, tu assieds, il assied, nous asseyons, vous asseyez, ils asseyent.

Imparfait : J'asseyais... nous asseyions...

Passé défini : J'assis... nous assîmes...

Futur : J'asseyerai... nous asseyerons... (1)

Conjuguez comme *asseoir* son composé *rasseoir*.

MOUVOIR.

Indicatif présent : Je meus, tu meus, il meut, nous mouvons, vous mouvez, ils meuvent.

Imparfait : Je mouvais... nous mouvions...

Passé défini : Je mus... nous mûmes...

Futur : Je mouvrai... nous mouvrons...

POUVOIR.

Indicatif présent : Je puis (*ou je peux*), tu peux, il peut, nous pouvons, vous pouvez, ils peuvent.

Imparfait : Je pouvais... nous pouvions...

Passé défini : Je pus... nous pûmes...

Futur : Je pourrai... nous pourrons...

---

[1] Le verbe asseoir fait aussi :
Ind. présent : J'assois... nous assoyions... ils assoient.
Imparfait : J'assoyais... nous assoyions...
Futur : J'assoirai... nous assoirons...

SAVOIR.

INDICATIF PRÉSENT : Je sais, tu sais, il sait, nous savons, vous savez, ils savent.

IMPARFAIT : Je savais... nous savions...

PASSÉ DÉFINI : Je sus... nous sûmes...

FUTUR : Je saurai... nous saurons...

IMPÉRATIF : Sache, sachons, sachez.

VALOIR.

INDICATIF PRÉSENT : Je vaux, tu vaux, il vaut, nous valons, vous valez, ils valent...

IMPARFAIT : Je valais... nous valions.

PASSÉ DÉFINI : Je valus... nous valûmes...

FUTUR : Je vaudrai... nous vaudrons...

Conjuguez sur *valoir* aux mêmes temps le verbe *prévaloir.*

VOULOIR.

INDICATIF PRÉSENT : Je veux, tu veux, il veut, nous voulons, vous voulez, ils veulent.

IMPARFAIT : Je voulais... nous voulions...

PASSÉ DÉFINI : Je voulus... nous voulûmes...

FUTUR : Je voudrai... nous voudrons...

IMPÉRATIF : Veuille, veuillons, veuillez.

191° EXERCICE.

Conjuguer les verbes suivants au présent et à l'imparfait de l'indicatif.

1. Voir le ciel étoilé. — 2. Ne pas pourvoir à ses besoins. — 3. Asseoir un malade. — 4. Mouvoir une grosse pierre. — 5. Savoir sa leçon. — 6. Pouvoir rendre service. — 7. Prévoir un orage. — 8. Ne vouloir de mal à personne.

192ᵉ EXERCICE.

*Conjuguer les verbes du 191ᶜ exercice au passé
défini et au futur.*

193ᵉ EXERCICE.

*Conjuguer les verbes du 191ᶜ exercice au condition-
nel présent et à l'impératif.*

194ᵉ EXERCICE

Conjuguer les verbes suivants aux temps indiqués.

1. Valoir peu par son mérite. (*Ind. prés. et imparf.*)
—2. Rasseoir son jeune frère. (*Passé. déf. et fut.*)—
3. Revoir sa composition. (*Cond. prés. et impér.*) —
4. Entrevoir la lune dans les nuages. (*Ind. prés. et
fut.*)—5. Avoir de la patience. (*Passé déf. et cond.
prés.*)

195ᵉ EXERCICE.

Changer le nombre des propositions suivantes.

1. Je vois une brillante étoile.—2. Mon petit cousin reçut un beau prix.—3. L'homme vaut plus qu'un
animal.—4. L'infirmière assied le convalescent dans
un fauteuil. —5. Veuillez écouter nos bons avis. —
6. Tu sus ta fable correctement. — 7. Nous pouvons
faire le bien ou le mal. — 8. Les enfants gâtés veulent quelquefois des choses impossibles. — 9. Le soldat revoit avec plaisir son clocher et sa famille. —
10. Sachez vos leçons sans faute. — 11. Tu mouvras
ce lourd fardeau.—12. Rayez ces mots inutiles.

196ᵉ EXERCICE.

Comme le précédent.

1. J'asseyerai ce petit enfant. — 2. Ces livres valent mieux que ceux-ci. — 3. Ils sont plus instructifs. — 4. Tu reçus une nouvelle agréable. — 5. Cet ouvrier robuste mut une pierre énorme. — 6. Tu vis un beau tableau dans ce musée. — 7. Je ne pourvois pas encore à tous mes besoins. — 8. Vous allez voir vos amis. — 9. Vous enverrez ces paquets à vos sœurs. — 10. Nos maîtres ne voudront pas agréer nos excuses. — 11. Ils ne les trouveront pas bonnes. — 12. Ayez pitié des malheureux.

QUATRIÈME CONJUGAISON.

Les verbes irréguliers de la *quatrième conjugaison* se partagent en un grand nombre de séries à chacune desquelles on peut donner un modèle (1).

PREMIER MODÈLE.	DEUXIÈME MODÈLE.
PRENDRE le bien d'autrui.	CRAINDRE Dieu.

Indicatif présent.

Je prends.	Je crains.
Tu prends.	Tu crains.
Il prend.	Il craint.
Nous prenons.	Nous craignons.
Vous prenez.	Vous chaignez.
Ils prennent.	Ils craignent.

---

(1) Nous rappelons que pour toutes ces irrégularités, l'usage viendra souvent en aide aux enfants. Nous avons cru néanmoins utile de grouper les verbes par familles afin de guider les élèves dans les difficultés orthographiques que présente si fréquemment la conjugaison.

Imparfait.

Je prenais.   Je craignais.

Passé défini.

Je pris.   Je craignis.

Futur.

Je prendrai.   Je craindrai.

On conjugue comme *prendre* tous les verbes qui en sont formés, tels que *reprendre, apprendre, comprendre,* etc.

On conjugue comme *craindre* tous les verbes en **indre,** tels que *plaindre, peindre, joindre,* etc.

197ᵉ EXERCICE.

Conjuguer les verbes suivants au présent et à l'imparfait de l'indicatif.

1. Apprendre sa leçon. — 2. Plaindre les malheureux.—3. Peindre une porte. — 4. Ne pas reprendre ses mauvaises habitudes. —5. Eteindre sa lampe. — 6. Comprendre sa lecture.

198ᵉ EXERCICE.

Conjuguer les verbes du 197ᵉ exercice au passé défini et au futur.

199ᵉ EXERCICE.

Conjuguer les verbes du 197ᵉ exercice au conditionnel présent à l'impératif.

TROISIÈME MODÈLE : *CONDUIRE.*

INDICATIF PRÉSENT : Je conduis, tu conduis, il conduit, nous conduisons, vous conduisez, ils conduisent.

IMPARFAIT : Je conduisais... nous conduisions...

PASSÉ DÉFINI : Je conduisis... nous conduisîmes...

FUTUR : Je conduirai... nous conduirons...

On conjugue sur *conduire* tous les verbes en **uire** comme *instruire, nuire,* etc.

QUATRIÈME MODÈLE : *CONNAITRE.*

INDICATIF PRÉSENT : Je connais, tu connais, il connaît, nous connaissons, vous connaissez, ils connaissent.

IMPARFAIT : Je connaissais... nous connaissions...

PASSÉ DÉFINI : Je connus... nous connûmes...

FUTUR : Je connaîtrai... nous connaîtrons.

On conjugue sur *connaître* tous les verbes en **aître** et en **oître,** comme *paraître, croître.* — Seulement, le verbe *naître* fait au *passé défini* : Je naquis.

REMARQUE. —Dans tous les verbes en *aître* et en *oître*, l'**i** prend un accent circonflexe lorsqu'il est suivi d'un **t**. Le verbe *croître* prend même cet accent aux *trois personnes du singulier du présent de l'indicatif* et *du passé défini* : Je croîs, tu croîs, il croît ; je crûs, tu crûs, il crût ; ce qui le distingue des mêmes personnes du verbe *croire* : Je crois, tu crois, il croit ; je crus, tu crus, il crut.

CINQUIÈME MODÈLE : *METTRE.*

INDICATIF PRÉSENT : Je mets, tu mets, il met, nous mettons, vous mettez, ils mettent.

Imparfait : Je mettais... nous mettions...
Passé défini : Je mis... nous mîmes...
Futur : Je mettrai... nous mettrons...

On conjugue comme *mettre* tous les verbes qui en sont formés, tels que *remettre, commettre,* etc.

200e EXERCICE.

Conjuguer les verbes suivants au présent et à l'imparfait de l'indicatif.

1. Reconduire un ami. — 2. Comparaître devant les juges. — 3. Croître en sagesse. — 4. Permettre de sortir. — 5. Ne pas nuire au prochain.

201e EXERCICE.

Conjuguer les verbes du 200e exercice au passé défini et au futur.

202e EXERCICE.

Conjuguer les verbes du 200e exercice au conditionnel présent et à l'impératif.

SIXIÈME MODÈLE : *BATTRE*.

Indicatif présent : Je bats, tu bats, il bat, nous battons, vous battez, ils battent.
Imparfait : Je battais... nous battions...
Passé défini : Je battis... nous battîmes.
Futur : Je battrai... nous battrons...

On conjugue comme *battre* tous les verbes qui en sont formés, tels que *abattre, combattre,* etc.

SEPTIÈME MODÈLE : *ÉCRIRE*.

INDICATIF PRÉSENT : J'écris, tu écris, il écrit, nous écrivons, vous écrivez, ils écrivent.

IMPARFAIT : J'écrivais... nous écrivions...

PASSÉ DÉFINI : J'écrivis... nous écrivîmes...

FUTUR : J'écrirai... nous écrirons...

On conjugue comme *écrire* tous les verbes qui en sont formés, tels que *transcrire, souscrire*, etc.

HUITIÈME MODÈLE : *DIRE*.

INDICATIF PRÉSENT : Je dis, tu dis, il dit, nous disons, vous dites, ils disent.

IMPARFAIT : Je disais... nous disions..

PASSÉ DÉFINI : Je dis... nous dîmes.

FUTUR : Je dirai... nous dirons. .

On conjugue comme *dire* ses composés *redire, médire, contredire*, etc. ; mais tous ces verbes, excepté *redire*, se terminent par **ez** *à la 2e personne du pluriel du présent de l'indicatif* : Vous médisez, vous contredisez, etc.

Maudire, prend deux **s** au *présent et à l'imparfait de l'indicatif* : Nous maudissons, vous maudissez, ils maudissent, je maudissais...

203e EXERCICE.

Conjuguer les verbes suivants au présent et à l'imparfait de l'indicatif.

1. Abattre un arbre.—2. Transcrire le devoir corrigé.—3. Redire souvent la même chose.—4. Ne médire de personne.—Ne pas maudire ses ennemis.

204e EXERCICE.

*Conjuguer les verbes du 191e exercice au **passé** défini et au futur.*

205e EXERCICE

Conjuguer les verbes du 203e exercice au conditionnel présent et à l'impératif.

NEUVIÈME MODÈLE : *VIVRE.*

INDICATIF PRÉSENT : Je vis, tu vis, il vit, nous vivons, vous vivez, ils vivent.
IMPARFAIT : Je vivais... nous vivions...
PASSÉ DÉFINI : Je vécus... nous vécûmes...
FUTUR : Je vivrai... nous vivrons...

On conjugue comme *vivre* ses composés *revivre* et *survivre.*

DIXIÈME MODÈLE : *PLAIRE.*

INDICATIF PRÉSENT : Je plais, tu plais, il plaît, nous plaisons, vous plaisez, ils plaisent.
IMPARFAIT : Je plaisais... nous plaisions.
PASSÉ DÉFINI : Je plus... nous plûmes...
FUTUR : Je plairai... nous plairons...

On conjugue comme *plaire* son composé *déplaire* et les verbes *taire*, *lire* et *relire*. Seulement ces trois derniers n'ont pas d'accent circonflexe à la 3e personne du singulier du présent de l'indicatif.

ONZIÈME MODÈLE : *FAIRE.*

INDICATIF PRÉSENT : Je fais, tu fais, il fait, nous faisons, vous faites, ils font.

IMPARFAIT : Je faisais... nous faisions....
PASSÉ DÉFINI : Je fis... nous fîmes.
FUTUR : Je ferai... nous ferons...
On conjugue comme *faire* ses composés *refaire*, *défaire*, etc.

DOUZIÈME MODÈLE : *CROIRE*.

INDICATIF PRÉSENT : Je crois, tu crois, il croit, nous croyons, vous croyez, ils croient.
IMPARFAIT : Je croyais... nous croyions...
PASSÉ DÉFINI : Je crus... nous crûmes...
FUTUR : Je croirai... nous croirons.
On conjugue de même *traire* et *distraire*.—Seulement, ces deux verbes n'ont pas de passé défini et sont peu employés aux personnes renfermant un **y** grec.

206ᵉ EXERCICE.

Conjuguer les verbes suivants au présent et à l'imparfait de l'indicatif.

1. Survivre à sa douleur. — 2. Ne pas déplaire à ses parents.—3. Lire l'Evangile.—4. Refaire un devoir négligé.—5 Ne pas croire aux sorciers.

207ᵉ EXERCICE.

Conjuguer les verbes du 206ᵉ exercice au passé défini et au futur.

208ᵉ EXERCICE.

Conjuguer les verbes du 206ᵉ exercice au conditionnel présent et à l'impératif.

TREIZIÈME MODÈLE : *RIRE*.

INDICATIF PRÉSENT : Je ris, tu ris, il rit, nou^s ions, vous riez, ils rient.

IMPARFAIT : Je riais... nous riions.
PASSÉ DÉFINI : Je ris... nous rîmes.
FUTUR : Je rirai... nous rirons.

On conjugue comme *rire* son composé *sourire* ainsi que le verbe *rompre* et ses composés.

QUATORZIÈME MODÈLE : *COUDRE*.

INDICATIF PRÉSENT : Je couds, tu couds, il coud, nous cousons, vous cousez, ils cousent.

IMPARFAIT : Je cousais... nous cousions...
PASSÉ DÉFINI : Je cousis... nous cousîmes.
FUTUR : Je coudrai. . nous coudrons.

On conjugue comme *coudre* ses composés *découdre* et *recoudre*.

QUINZIÈME MODÈLE : *RÉSOUDRE*.

INDICATIF PRÉSENT : Je résous, tu résous, il résout, nous résolvons, vous résolvez, ils résolvent.

IMPARFAIT : Je résolvais... nous résolvions...
PASSÉ DÉFINI : Je résolus... nous résolûmes...
FUTUR : Je résoudrai... nous résoudrons...

On conjugue de même *absoudre* et *dissoudre*. Seulement, ces deux verbes n'ont pas de *passé défini*.

SEIZIÈME MODÈLE : *VAINCRE*.

INDICATIF PRÉSENT : Je vaincs, tu vaincs, il vainc, nous vainquons, vous vainquez, ils vainquent.

IMPARFAIT : Je vainquais... nous vainquions...

Passé défini : Je vainquis... nous vainquîmes...
Futur : Je vaincrai... nous vaincrons...

On conjugue comme *vaincre* son composé *convaincre*.

209ᵉ EXERCICE.

Conjuguer les verbes suivants au présent et à l'imparfait de l'indicatif.

1. Sourire à un jeune enfant. — 2. Interrompre sa lecture. — 3. Découdre un ourlet. — 4. Résoudre un problème. — 5. Vaincre sa paresse.

210ᵉ EXERCICE.

Conjuguer les verbes du 209ᵉ exercice au passé défini et au futur.

211ᵉ EXERCICE.

Conjuguer les verbes du 209ᵉ exercice au conditionnel présent et à l'impératif.

DIX-SEPTIÈME MODÈLE : *CONCLURE.*

Indicatif présent : Je conclus, tu conclus, il conclut, nous concluons, vous concluez, ils concluent.
Imparfait : Je concluais... nous concluions...
Passé défini : Je conclus... nous conclûmes...
Futur : Je conclurai... nous conclurons.

On conjugue comme *conclure* le verbe *exclure*.

Les deux verbes suivants ont une conjugaison à part :

BOIRE.

INDICATIF PRÉSRNT : Je bois, tu bois, il boit, nous buvons, vous buvez, ils boivent.

IMPARFAIT : Je buvais... nous buvions...

PASSÉ DÉFINI : Je bus... nous bûmes...

FUTUR : Je boirai... nous boirons.

MOUDRE.

INDICATIF PRÉSENT : Je mouds, tu mouds, il moud, nous moulons, vous moulez, ils moulent.

IMPARFAIT : Je moulais... nous moulions...

PASSÉ DÉFINI : Je moulus... nous moulûmes...

FUTUR : Je moudrai... nous moudrons...

212ᵉ EXERCICE.

Conjuguer les verbes suivants au présent et à l'imparfait de l'indicatif.

1. Exclure du jeu le tricheur. — 2. Boire de l'eau fraîche.—3. Moudre du café.—4. *Etre* studieux.

213ᵉ EXERCICE.

Conjuguer les verbes du 212ᵉ exercice au passé défini et au futur.

214ᵉ EXERCICE.

Conjuguer les verbes du 212ᵉ exercice au conditionnel présent et à l'impératif.

215e EXERCICE. (Récapitulation).

Conjuguer les verbes suivants aux temps indiqués.

1. Instruire des élèves attentifs. (*Ind. prés.*) — 2. Disparaître subitement. (*Imparf.*) — 3. Remettre son travail au lendemain. (*Pas-déf.*) — 4. Combattre ses défauts. (*Fut.*) — 5. Écrire une lettre. (*Cond. prés.*) 6. Dire toujours la vérité. (*Impér.*) — 7. Surprendre un maraudeur. (*Ind. prés.*) — 8. Rejoindre son ami. (*Impér.*) — 9. Vivre en bon chrétien. (*Pas. déf.*) — 10. Plaire par sa franchise. (*Fut.*) — 11. Faire l'aumône. (*Cond. prés.*). — 12. Ne pas distraire ses camarades. (*Impér.*)

216e EXERCICE.

Comme le précédent.

1. Interdire les jeux dangereux. (*Ind. prés.*) — 2. Coudre un bouton. (*Imparf.*) — 3 Convaincre son adversaire. (*Pas. déf.*). — 4. Absoudre le pécheur repentant. (*Fut.*) — 5. Souscrire à une œuvre de charité. (*Cond. prés.*) — 6. Vaincre ses mauvaises habitudes. (*Impér.*) — 7. Rompre un bâton. (*Ind. prés*) — 8. Vêtir un orphelin. (*Imparf.*) — 9. Tenir ses bonnes résolutions. (*Pas. déf.*) — 10. Asseoir le convalescent. (*Fut.*). — 11. Essuyer ses larmes. (*Cond. prés.*) — 12. Appeler au secours. (*Impér.*)

217e EXERCICE.

Changer le nombre des propositions suivantes :

1. Les peintres peignent les portes et les fenêtres. — 2. Vous ne comprenez pas vos leçons. — 3. Le cou-

pable comparut devant le juge. — 4. J'éteins la bougie.—5. Ne maudis jamais ton ennemi.—6. Je vécus heureux et content avec ma bonne mère. — 7. Les bûcherons abattent de grands arbres. — La fermière trait une belle vache.—9. Nous buvons des tasses de lait chaud.—10. Nos frères reconduisent leurs amis. —11. Ces élèves résolvent des problèmes difficiles. —12. Les ouvriers interrompent leurs travaux aux heures des repas.

218ᵉ EXERCICE.

Comme le précédent.

1. Vous souriez à vos jeunes sœurs. — 2. Nous plaignons les malheureux. — 3, Nous les secourons. —4, Je découds une vieille robe.—5. Tu médis d'un absent.—6. Il ne peut se défendre. — 7. Transcris ton devoir corrigé. — 8. Ne dis jamais de mensonge. —9. L'âne ne boira pas cette eau bourbeuse. — 10. Vous combattez vos vilaines habitudes. — 12. Vous voulez vous en corriger.

219ᵉ EXERCICE.

Comme le précédent.

1. J'entreprends un long voyage.—2. Je crains de déplaire à ma bonne mère. — 3. Tu écris une lettre à ta sœur.—4. Ces soldats rejoignent leurs régiments. 5. Vous atteignîtes vos camarades —6. Notre maître interdit ce jeu bruyant. — 7. Tu fais un beau dessin. —8. Ces généraux vainquirent les ennemis dans plusieurs sanglantes batailles —9. Vaincs tes défauts.— 10. Ces petits vauriens rompent les arbustes. — 11. Cette dame charitable coud un vêtement pour un pauvre orphelin.—12. Asseyez-vous.

Accord du verbe avec le sujet.

141. 3e RÈGLE. — Le verbe qui a *plusieurs sujets de différentes personnes* se met au *pluriel* et à la personne qui a la *préférence* sur l'autre.

La *première personne* a la *préférence* sur la *seconde* et la *troisième* ; la *seconde personne* a la *préférence* sur la *troisième*.

Ex. : *Vous et moi* nous étudions. — *Vous et votre frère* vous écrivez.

REMARQUE. — La politesse exige qu'on se nomme le dernier ; voilà pourquoi il faut dire : *Vous et moi*, et non pas *moi et vous*.

220e EXERCICE.

Mettre au pluriel les propositions suivantes en remplaçant le sujet singulier de chacune par le sujet pluriel qui la suit entre ( ).

Ex. : Tu chantes. *(Vous et moi).*

Ecrivez : Vous et moi nous chantons.

1. Votre frère ne croit pas le merveilleux récit de ce voyageur. *(Votre frère et moi).* — 2. Ta sœur cueillera une belle rose. *(Ta sœur et toi).* — 3. Tu crains la réprimande. *(Toi et moi).* — 4. Henri fera cette commission. *(Henri et toi).* — 5. Je naquis le jour de Noël. *(Louis et moi).* — 6. Tu apprends l'anglais. *(Vous et moi).* — 7. Tu distrais ton camarade. *(Cet élève et vous).* — 8. Mon cousin suivit votre bon conseil. *(Mon cousin et moi).* — 9. Je vins samedi pour voir un vieil ami. *(Jules et moi).* — 10. Ton oncle alla acheter un journal. *(Ton oncle et toi).* —

11. Adolphe écrivit une page soignée. (*Adolphe et moi*). — 12. Tu soutiendras ce vieillard chancelant. (*Paul et toi*)).

221e EXERCICE.

Comme le précédent.

1. Mathusalem vécut très longtemps. (*Mathusalem et Noé*).—2. Je lis un livre intéressant. (*Vous et moi*). — 3. Ta mère ira visiter ce beau musée. (*Ta mère et toi*). — 4. La musique me plaît beaucoup. (*La musique et le dessin*). — 5. Eugène perdit son joli couteau. (*Eugène et moi*(. — 6. Ismaël était fils d'Abraham. (*Ismaël et Isaac*). — 7. Léon bat son petit camarade. (*Léon et Auguste*). — 8. Tu tendras ton filet. (*Ton ami et toi*). — 9. Hippolyte achètera un gros ballon. (*Lui et moi*). — 10. Le sapin est un arbre résineux. (*Le sapin et le mélèze*). — 11. Tu commets une erreur. (*Vous et lui*). — 12. Mon voisin ne résolut pas ce problème difficile. (*Mon voisin et moi*).

222e EXERCICE.

Comme le précédent.

1. Tu reçus un riche cadeau. (*Marthe et toi*). — 2. Je suis malade. (*Ma sœur et moi*). — 3. Lyon est une grande ville de France. (*Lyon et Marseille*). — 4. Arthur aura un joli cerceau (*Arthur et moi*). — 5. Pauline fut désobéissante. (*Pauline et toi*). — 6. Votre livre est neuf. (*Votre livre et le mien*. — 7. Je surpris ce maraudeur. (*Le garde et moi*). — 8. Julien apprend sa leçon. (*Julien et Georges*). — 9. Henri pinçait son voisin. (*Henri et toi*).—10. La grenouille est un animal amphibie. (*La grenouille et*

le crapaud). — 11. Joseph est bavard. (*Vous et lui*).
—12. Le travail entretient la santé. (*Le travail et la sobriété*).

Conjugaison des verbes aux temps composés (1).

142. Les temps *composés* sont formés des temps *simples* de l'un des auxiliaires *avoir* et *être*, auxquels on ajoute le *participe passé* du verbe que l'on conjugue. Exemples :

Mode Indicatif.

PASSÉ INDÉFINI.	PLUS-QUE-PARFAIT.
J'ai aimé...	J'avais aimé...
J'ai fini...	J'avais fini...
J'ai reçu...	J'avais reçu...
J'ai rendu...	J'avais rendu...
Je suis tombé...	J'étais tombé..

PASSÉ ANTÉRIEUR	FUTUR ANTÉRIEUR.
J'eus aimé...	J'aurai aimé...
J'eus fini...	J'aurai fini...
J'eus reçu...	J'aurai reçu...
J'eus rendu...	J'aurai rendu...
Je fus tombé...	Je serai tombé...

Mode Conditionnel.

PASSÉ (1re *forme*)	PASSÉ (2e *forme.*)
J'aurais aimé...	J'eusse aimé...
J'aurais fini...	J'eusse fini...
J'aurais reçu...	J'eusse reçu...
J'aurais rendu...	J'eusse rendu...
Je serais tombé...	Je fusse tombé...

(1) Avant d'aborder la conjugaison aux temps composés et au mode subjonctif, les élèves devront commencer l'étude du participe.

223e EXERCICE.

*Conjuguer les verbes suivants au passé indéfini et **au** passé antérieur.*

1. Etudier sa leçon. — 2. Désobéir à ses parents. — 3. Apercevoir un clocher. — 4. Entrer en classe. — 5. Vendre sa maison. — 6. Revenir du marché.

224e EXERCICE.

Conjuguer les verbes suivants à l'indicatif plus-que-parfait et au futur antérieur.

1. Arriver de bonne heure. — 2. Ouvrir la porte. — 3. Asseoir le malade.— 4. Voir le lever du soleil. — 5. Moudre du grain. — 6. Partir en voyage.

225e EXERCICE.

Conjuguer les verbes suivants au conditionnel passé (1re et 2e forme).

1. Mettre des gants. — 2. Tenir sa parole. — 3. Aller aux vêpres. — 4. Ecrire une lettre. — 5. Vaincre ses défauts. — 6. Sortir de grand matin.

226e EXERCICE.

Conjuguer les verbes suivants aux temps indiqués.

1. Souffrir des dents *(Pas. indéf.)* — 2. Labourer un champ. *(Pas. ant.)* — 3. Ne pas apprendre ses leçons. *(Ind. plus-que-parf.)* — 4. Ne pas terminer

son devoir. *(Fut. ant.)* — 5. Ne pas savoir la musique. *(Cond. passé 1re forme.)* — 6. Rentrer trop tard. *(Cond. passé 2º forme.)*

227e EXERCICE.

Comme le précédent.

1. Résoudre un problême. *(Pas. Ind.)* — 2. Lire le journal. — *(Pas. ant.)* — 3. Abréger sa route. *(Ind. plus-que-parf.)* — 4. Peindre un meuble. *(Fut. ant.)* — 5. Ne pas faire de peine à sa mère. *(Cond. passé, 1re forme.)* — 6. Tomber dans un précipice. *(Cond. passé, 2e forme.)*

228e EXERCICE.

Comme le précédent.

1. Naître faible et chétif. *(Pas. ind.)* — 2. Venir en classe. *(Pas. ant.)* — 3. Parvenir à son but. *(Ind. plus-que-parf.)* — 4. Achever son travail. *(Fut. ant.)* — 5. Rire aux éclats. *(Cond. passé, 1re forme.)* — 6. Ne pas révéler son secret. *Cond. passé, 1re forme.)*

229³ EXERCICE.

Changer le nombre des phrases suivantes (1) :

1. J'ai cueilli une belle rose que j'offrirai à ma bonne mère. — 2. Aussitôt que tu eus terminé ton devoir, tu appris ta leçon. — 3. Ma sœur serait allée

---

(1) Les élèves doivent avoir appris maintenant, dans la 3e partie, à analyser logiquement les phrases de deux propositions. Cette étude est d'ailleurs bien simple avec notre manière de procéder.

vous voir si elle n'avait pas été malade. — 4. Nous aurions fauché nos trèfles si ces pluies n'étaient survenues. — 5. Vous avez menti à vos maîtres, ils ne vous croiront plus. — 6. Cet enfant grossier a insulté un pauvre estropié; il lui a jeté une pierre. — 7. Mon frère est venu me voir; il est reparti tout à l'heure. — 8. Ces élèves ont obtenu des prix parce qu'ils ont bien travaillé. — 9. Puisque vous avez rompu ces arbustes, vous les paierez. — 10. Le loup a emporté un pauvre mouton; il le dévore.

230ᵉ EXERCICE.

1. J'ai lu ce livre, il est intéressant et instructif. —2. Ces marins ont navigué dans des mers lointaines où ils ont essuyé de violentes tempêtes. —3. Nous avons entendu vos bons conseils et nous les suivrons. —4. Tu aurais obtenu une récompense si tu avais mieux travaillé.—5. La fenêtre est resté ouverte, va la fermer.—6. Vous avez appris de belles fables, récitez-les.—7. Quand la femelle du crocodile a pondu son œuf, elle l'enterre. — 8. Aussitôt que j'ai reçu votre lettre, je vous répondis.—9. Mon camarade était déjà parti quand je suis arrivé.—10. Lorsque le bûcheron aura abattu cet arbre, il l'équarrira.

231ᵉ EXERCICE.

Comme le précédent.

1. Ce petit paresseux a négligé son devoir, je le punirai.—2. Je le gronde parce qu'il a taché son cahier.—3. Tu ne serais pas tombé si tu n'avais pas couru dans cette allée obscure.—4. Quand vous avez fait de bonnes actions, ne vous en vantez pas.—5. Les hirondelles ont abandonné leurs nids; elles partent

pour des climats plus doux. — 6. Ce charretier est bien cruel ; il a maltraité ce pauvre animal. — 7. Tu n'eusses pas dit cette sottise si tu avais réfléchi. — 8. Ces greines n'ont pas germé, car elles étaient dans des terrains trop secs. — 9. Cet enfant sensé a peu parlé, mais il a beaucoup écouté. — 10. Nous avons arraché ces arbres stériles ; nous les remplacerons par d'autres plus productifs.

232ᵉ EXERCICE.

Comme le précédent.

1. Notre corps périra tandis que notre âme est immortelle. — 2. J'ai affranchi ma lettre, elle ne coûtera rien au destinataire. — 3. Si vous aviez compris vos leçons, vous les retiendriez mieux. — 4. Quand ces petits gourmands eurent ramassé ces fruits verts, ils les mangèrent. — 5. Le bon prêtre visite le malade et il le console. — 6. Sois vertueux et tu seras heureux. — 7. Vous avez affligé vos bonnes mères, promettez-leur d'être plus sages désormais. — 8. Nous eussions secouru ces malheureux si nous n'avions oublié nos bourses. — 9. — Quand nous aurons ôté nos redingotes, nous les brosserons. — 10. Le bon chrétien aime son ennemi et lui fait du bien.

Conjugaison des verbes sous la forme interrogative.

143. Dans la conjugaison sous la forme *interrogative*, les *pronoms personnels* sont placés *après* le verbe, dans les temps *simples*, après l'auxiliaire dans les temps *composés*, et sont joints au verbe ou à l'auxiliaire par un *trait d'union : Aimons-nous ? as-tu fini ?*

1ʳᵉ REMARQUE. — Certains verbes ne s'emploient pas interrogativement à la *première personne du singulier du présent de l'indicatif* où leur pronouciation serait désagréable. Ainsi on ne dit pas : *Prends-je ? lis-je ? veux-je ?* On se sert alors d'une autre forme et l'on dit : *Est-ce que je prends ? est-ce que je lis ? Est-ce que je veux ?*

Mais l'usage autorise très-bien les expressions : *Ai-je ? suis-je ? vais-je ? vois-je ? dois-je ? sais-je ?*

2ᵃ REMARQUE. — Quand la *première personne* finit par un *e muet*, on change cet *e* muet en **é** *fermé* par un *accent aigu : Aimé-je ? chanté-je ?*

3ᵉ REMARQUE. — Quand la *troisième personne du singulier* se termine par une *voyelle*, il faut, pour éviter la rencontre désagréable de deux voyelles, séparer le verbe du pronom par un *e euphonique* placé entre *deux traits d'union : Aime-t-il ? aima-t-elle ? a-t-on réussi ?*

4ᵉ REMARQUE. — Les verbes ne s'emploient sous la forme interrogative qu'aux *temps* de l'*indicatif* et du *conditionnel.*

Conjugaison du verbe Aimer sous la forme interrogative.

MODE INDICATIF.

PRÉSENT	IMPARFAIT.
Aimé-je ?	Aimais-je ?
Aimes-tu ?	Aimais-tu ?
Aime-t-il ?	Aimait-il ?
Aimons-nous ?	Aimions-nous ?
Aimez-vous ?	Aimiez-vous ?
Aiment-ils ?	Aimaient-ils ?

PASSÉ DÉFINI.

Aimai-je ?
Aimas-tu ?
Aima-t-il ?
Aimâmes-nous ?
Aimâtes-vous ?
Aimèrent-ils ?

PASSÉ INDÉFINI.

Ai-je aimé ?
As-tu aimé ?
A-t-il aimé ?
Avons-nous aimé ?
Avez-vous aimé ?
Ont-ils aimé ?

PASSÉ ANTÉRIEUR.

Eus-je aimé ?
Eus-tu aimé ?
Eut-il aimé ?
Eûmes-nous aimé ?
Eutes-vous aimé ?
Eurent-ils aimé ?

PLUS-QUE-PARFAIT.

Avais-je aimé ?
Avais-tu aimé ?
Avait-il aimé ?
Avions-nous aimé ?
Aviez-vous aimé ?
Avaient-ils aimé ?

FUTUR.

Aimerai-je ?
Aimeras-tu ?
Aimera-t-il ?
Aimerons-nous ?
Aimerez vous ?
Aimeront-ils ?

FUTUR ANTÉRIEUR.

Aurai-je aimé ?
Auras-tu aimé ?
Aura-t-il aimé ?
Aurons-nous aimé ?
Aurez-vous aimé ?
Auront-ils aimé ?

MODE CONDITIONNEL.

PRÉSENT.

Aimerais-je ?
Aimerais-tu ?
Aimerait-il ?
Aimerions-nous ?
Aimeriez-vous ?
Aimeraient-ils ?

PASSÉ (1ʳᵉ *forme*).

Aurais-je aimé ?
Aurais-tu aimé ?
Aurait-il aimé ?
Aurions-nous aimé ?
Auriez-vous aimé ?
Auraient-ils aimé ?

PASSÉ (2° *forme*).

Eussé-je aimé ?
Eusses-tu aimé ?
Eusse-t-il aimé ?
Eussions-nous aimé ?
Eussiez-vous aimé ?
Eussent-ils aimé ?
Eussent-elles aimé ?

233ᵉ EXERCICE.

Donner la forme interrogative aux personnes des verbes suivants.

Je parle. Tu chantas. Ils mangèrent. Tu as reçu. Elle étudia. Nous aurons fini. Nous achèterions. Je détruirai. J'ai donné. Ils visitent. Tu nourrissais. Elle a guéri. Je prends. Je vends. Vous puniriez. Ils récompensèrent. Nous n'admirions pas. Vous ne reçûtes pas. Elle apporta. Il est arrivé. Je connaissais. Tu coupes. Nous abattrons. Elles planteraient. Vous aviez lu. Il ne briserait pas. Elles atteignirent. Je donne. Tu brûlerais. Nous craignons. Vous n'auriez pas médit. Vous ne crûtes pas.

234ᵉ EXERCICE.

Comme le précédent.

Je resterai. Je serais parti. Vous entendez. Nous avons obéi. Ils croiraient. Elle coule. Elles coulent. J'eusse soulagé. Nous n'estimerions pas. Il accorde. Elle a voulu. Elle exige. Elle ordonne. Il eut commandé. Il prétend. Je chante Je chantais. Tu ne confieras pas. Vous n'aviez pas avancé. Nous n'avertissons pas. Elle récompensera. Ils perdent. Ils ne connaissent pas. Je refuse. Vous auriez indiqué. Ils ignorent. Elles avaient écouté. Il danse. Tu seras arrivé. J'irai. Je cache. Vous causiez.

235ᵉ EXERCICE.

Changer le nombre des personnes des verbes suivants

Allèrent-ils ? Comprends-tu ? N'obtiendrez - vous pas ? Commandons-nous ? Voulurent-elles ? Chanta-t-il ? Avez-vous reçu ? Auront-ils su ? Fais-tu ? Rendrons-nous ? Ai-je ? N'êtes-vous pas tombés ? Resterais-tu ? Entendez-vous ? Ont-ils récité ? Eussions-nous puni ? Récoltâtes-vous ? Crié-je ? Ne parlais-je pas ? Approuverais-je ? Venez-vous ? N'ont-ils pas frappé ? Vendons-nous ? Etudient-elles ? Blâma-t-il ? N'avaient-ils pas retenu ? Est-elle arrivée ? Ne vois-tu pas ? Devons-nous ? Expliquèrent-ils ? Courrai-je ? Saurais-je ?

236e EXERCICE.

Comme le précédent.

Avouai-je ? Fûtes-vous ? Aurait-il plaint ? Eût-il perdu ? N'a-t-elle pas empêché ? Ont-ils consenti ? Voudriez-vous ? Ne permettez-vous pas ? Accuseront-ils ? Aviez-vous promis ? Allons-nous ? Enverrai-je ? Ne savez-vous pas ? N'écoutons-nous pas ? Aurai-je fendu ? Pardonneriez-vous ? Oublièrent-elles ? Chargèrent-ils ? Avons-nous offert ? Avais-je écrit ? Eusses-tu plaint ? Trompé-je ? N'as-tu pas fatigué ? Arroserai-je ? Plantâmes-nous ? Aurait-il aperçu ? Avons-nous manqué ? Répondons-nous ? Appelez-vous ? Lanciez-vous ? Abrégions-nous ? Ne levez-vous pas ?

237e EXERCICE.

Changer le nombre des propositions suivantes.

1. Avez-vous tondu vos brebis ? — 2. Le palefrenier a-t-il pansé mon cheval ? — 3. Avais-tu écrit à ton ami ? — 4. Planterons-nous ces jeunes ormes ? — 5. Veux-tu manger cette pomme vermeille : — 6. Ne préfères-tu pas la rose à la tulipe ? — 7. N'avez-vous pas admiré ces jolies gravures ? — 8. N'es-tu pas tombé

dans ce chemin raboteux ? — 9. Iriez-vous voir vos sœurs ?—10. Votre frère est-il resté chez lui ? — 11. Votre cousin chanta-t-il son gai refrain ? — 12. N'avions-nous pas mérité ces reproches ?

238ᵉ EXERCICE.

Comme le précédent.

1. Es-tu malade ? — 2. Ai-je bien réussi ma composition ? — 3. Avez-vous travaillé soigneusement à vos devoirs ?—4. Cueilleras-tu une belle fleur ? — 5. Me l'apporteras-tu ? — 6. N'avons-nous pas mécontenté nos bons maîtres ?—7. Aurons-nous des prix ? — 8. Aurais-tu lu ce beau livre ? — 9. N'étais-tu pas négligent et paresseux ? — 10. Vos chiens n'ont ils pas mordu ces jeunes enfants ? — 11. Mes cousins auraient-ils oublié leurs promesses ?—N'écoutons-nous pas vos bons conseils ?

EMPLOI DU MODE SUBJONCTIF.

144. Les temps du mode *subjonctif* s'emploient pour indiquer que la chose exprimée par le verbe *est sous la dépendance d'un premier verbe* marquant la *volonté,* le *désir,* le *doute,* la *crainte,* etc. : Je *veux* que vous *écriviez* ; je *désire* que vous *écoutiez,* etc.

EMPLOI DU MODE INFINITIF.

145. Les temps du mode *infinitif* s'emploient pour présenter la chose exprimée par le verbe, d'une manière *vague*, *générale*, sans désignation de *personne* ni de *nombre* : *Aimer Dieu ; avoir fini son devoir.*

Conjugaison des verbes au présent du subjonctif.

146. On obtient le *présent du subjonctif* d'un verbe en remplaçant la terminaison **ant** du *participe présent* de ce verbe par **e, es, e, ions, iez, ent.**

Exemple :

PARTICIPE PRÉSENT :

AIM ANT.

SUBJONCTIF PRÉSENT.

Que j'aim *e.*
Que tu aim *es.*
Qu'il aim *e.*
Que nous aim *ions.*
Que vous aim *iez.*
Qu'ils aim *ent.*

REMARQUE. — Quand le participe présent se termine par **yant**, l'**y** se change en **i** simple devant un **e** muet : *Envoyant, que j'envoie ; croyant, que je croie.*

239ᵉ EXERCICE.

Conjuguer les verbes suivants au présent du subjonctif en faisant procéder chaque personne des **cinq** *premiers verbes de la locution :* La sagesse demande que.. ; *et chaque personne des* **cinq** *derniers verbes de la locution :* La reconnaissance veut que...

1. Imiter les bons exemples. — 2. Suivre les bons conseils. — 3. Choisir de bons camarades. — 4. Réflé-

chir avant de parler. — 5. Combattre ses défauts. — 6. Chérir ses parents. — 7. Remercier la Providence. — 8. Respecter ses maîtres — 9. Nourrir un vieux serviteur. — 10. Ne pas oublier ses bienfaiteurs.

240e EXERCICE.

Comme le précédent, mais en employant pour les cinq premiers verbes, la locution : La propreté exige que....; *et pour les cinq derniers la locution :* La politesse veut que...

1. Brosser ses habits. — 2. Nettoyer ses chaussures. — 3. Ne pas salir ses vêtements. — 4. Ecrire avec soin. — 5. Ne pas tacher ses cahiers. — 6. Répondre respectueusement à ses maîtres. — 7. Ne pas rire au nez des gens. — 8. Saluer ses supérieurs. — 9. Ne pas interrompre la conversation. — 10. Ne pas passer devant les personnes.

241e EXERCICE.

Comme le précédent, mais en employant pour les cinq premiers verbes, la locution : La prudence exige que... ; *et pour les cinq derniers, la locution :* Il faut que...

1. Ne pas courir pendant l'orage. — 2. Etayer les vieux murs. — 3. Ne pas manger avant le bain. — 4. Fermer les portes pendant la nuit. — 5. Savoir nager. — 6. Pourvoir à sa subsistance. — 7. Vaincre sa paresse. — 8. Partir de grand matin. — 9. Perdre ses mauvaises habitudes. — 10. Cacheter sa lettre.

147. Un certain nombre de verbes sont *irrégu-liers* au *présent du subjonctif*, c'est-à-dire qu'ils ne forment pas ce temps du *participe présent*.

Voici ces verbes :

VERBES.　　　　SUBJONCTIF PRÉSENT.

Première conjugaison.

ALLER.　　　Que j'ailles, que tu ailles, qu'il aille, que nous allions, que vous alliez, qu'ils aillent.

Deuxième conjugaison

ACQUÉRIR.　　Que j'acquière, que tu acquières, qu'il acquière, que nous acquérions, que vous acquériez, qu'ils acquièrent.

MOURIR.　　Que je meure, que tu meures, qu'il meure, que nous mourions, que vous mouriez, qu'ils meurent.

TENIR.　　Que je tienne, que tu tiennes, qu'il tienne, que nous tenions, que vous teniez, qu'ils tiennent.

VENIR　　(Ce verbe se conjugue comme *Tenir*.)

Troisième conjugaison

MOUVOIR.　　Que je meuve, que tu meuves, qu'il meuve, que nous mouvions, que vous mouviez, qu'ils meuvent.

POUVOIR.　　Que je puisse, que tu puisses, qu'il puisse, que nous puissions, que vous puissiez, qu'ils puissent.

PRÉVALOIR.　　Que je prévale, que tu prévales, qu'il prévale, que nous prévalions, que vous prévaliez, qu'ils prévalent.

VALOIR.	Que je vaille, que tu vailles, qu'il vaille, que nous valions, que vous valiez, qu'ils vaillent.
VOULOIR.	Que je veuille, que tu veuilles, qu'il veuille, que nous voulions, que vous vouliez, qu'ils veuillent.

Quatrième conjugaison.

BOIRE.	Que je boive, que tu boives, qu'il boive, qne nous buvions, que vous buviez, qu'ils boivent.
FAIRE.	Que je fasse, que tu fasses, qu'il fasse, que nous fassions, que vous fassiez, qu'ils fassent.
PRENDRE.	Que je prenne, que tu prennes, qu'il prenne, que nous prenions, que vous preniez, qu'ils prennent.

1re REMARQUE. — A la liste ci-dessus, il faut ajouter : 1° les verbes en **evoir** dont le modèle est *recevoir* ; 2° *avoir* et *être*. La conjugaison de ces deux verbes et celle de *recevoir* ont été données précédemment.

2e REMARQUE. — Les verbes *composés* se conjuguent comme ceux dont ils sont formés. Ainsi *retenir*, *soutenir*, etc. se conjuguent comme *tenir*.

Il faut pourtant excepter *prévaloir*, dont la conjugaison vient d'être donnée.

242e EXERCICE.

Conjuguer au présent du subjonctif les verbes suivants en employant pour chacun d'eux la locution qui le suit entre ( ).

1. Revenir de bonne heure. *(Ma mère souhaite que...)* — **2.** Faire ses devoirs soigneusement. *(Mon maître veut que...)* — **3.** Acquérir de l'instruction. *(Mes parents désirent que...)* — **4.** Ne pas boire après le jeu. *(La prudence exige que...)* — **5.** Pouvoir partir demain. *(Je doute que...)* — **6.** Aller avec les menteurs. *(Mon père ne veut pas que...)* — **7.** Apprendre ses leçons. *(Il faut que...)* — **8.** Ne pas vouloir écouter la voix de la raison. *(Mon ami craint que...)*

243e EXERCICE.

Comme le précédent.

1. Etre charitable envers le prochain. *(L'Evangile veut que...)* — **2.** Recevoir le prix de son travail. *(Il est juste que...)* — **3.** Avoir du goût pour l'étude. *(Il est nécessaire que...)* — **4.** Concevoir de la haine. *(La religion défend que...)* — **5.** Mourir en état de grace. *(Il importe que...)* — **6.** Prendre au delà de ses besoins. *(La tempérance ne permet pas que...)* — **7.** Obtenir un prix. *(Ma sœur désire que...)* — **8.** Contenir son impatience. *(La raison veut que...)*

Conjugaison des verbes à l'imparfait du subjonctif.

148. L'*Imparfait du subjonctif* présente **quatre** terminaisons différentes. Les voici :

asse.	isse.	usse.	insse.
asses.	isses.	usses	insses.
ât.	ît	ût.	înt.
assions.	issions.	ussions.	inssions.
assiez.	issiez.	ussiez.	inssiez.
assent.	issent.	ussent.	inssent.

149. On obtient très réguliérement et.sans aucune exception les terminaisons propres à chaque verbe en ajoutant se à la *2e personne du singulier du passé défini* pour avoir la *1re personne du singulier de l'imparfait du subjonctif:*

Tu aimas.	Que j'aimasse.
Tu rendis.	Que je rendisse.
Tu reçus.	Que je reçusse.
Tu vins.	Que je vinsse.

REMARQUE. — Quand un verbe, comme *absoudre*, n'a pas de passé défini, il n'a pas non plus d'imparfait du subjonctif.

244.e EXERCICE.

Conjuguer les verbes suivants à l'imparfait du subjonctif, en faisant précéder chaque personne de la locution : Mon maître voulait que...

1. Eviter les fautes d'orthographe. —**2.** Ne pas tacher ses cahiers.—**3.** Ne pas déchirer ses livres.—**4.** Obéir promptement.—**5.** Réfléchir avant de parler.—**6.** Répondre poliment.—**7.** Lire très-distinctement.—**8.** Ecrire bien lisiblement.—**9.** Retenir les explications données en classe.—**10.** Jouer en bon camarade.

245.e EXERCICE.

Comme le précédent, mais en employant la locution : Ma mère désirait que...

1. Aller à la ville. —**2.** Revenir de bonne heure. —**3.** Entre le premier. —**4.** Avoir un prix.—**5.** Savoir bien ses leçons.—**6.** Réussir dans un examen.—

7. Accomplir ses devoirs religieux. — 8. Ranger ses affaires avec soin. — 9. Avancer dans ses études. — 10. Vaincre sa paresse.

246ᵉ EXERCICE.

Comme le précédent, mais en employant la locution :
Il fallait que...

1. Pourvoir à ses besoins. — 2. Mouvoir une grosse pierre. — 3. Mettre une lettre à la poste. — 4. Soutenir le convalescent. — 5. Ecouter les bons conseils de ses parents. — 6. Faire son devoir. — 7. Apprendre le catéchisme. — 8. Accompagner son frère. — 9. Partir à la pointe du jour. — 10. Rejoindre son ami.

—

Conjugaison des verbes au passé et au plus-que-parfait du subjonctif.

MODÈLES.

SUBJONCTIF PASSÉ.	SUBJONCTIF PLUS-QUE-PARF.
Que j'aie aimé...	Que j'eusse aimé...
Que j'aie fini...	Que j'eusse fini...
Que j'aie reçu...	Que j'eusse reçu...
Que j'aie rendu...	Que j'eusse rendu...
Que je sois tombé...	Que je fusse tombé...

247ᵉ EXERCICE.

Conjuguer chacun des verbes suivants au passé et au plus-que-parfait du subjonctif, en employant pour le 1ᵉʳ temps, la locution : Mon père doute que..., pour le 2ᵉ temps, la locution : Mon père doutait que...

1. Achever son travail. — 2. Réussir sa composition. — 3. Résoudre son problème. — 4. Obtenir la première place.—5. Pouvoir écrire sans faute.

248ᵉ EXERCICE.

Comme le précédent, mais en employant pour la conjugaison au passé, la locution : Il est fâcheux que... et pour la conjugaison au plus-que-parfait, la locution : Il était fâcheux que...

1. Arriver trop tard.—2. Ne pas entendre la messe. —3. Ne pas venir plus tôt.—4. Suivre les avis de sa mère.—5. Oublier sa commission.

249ᵉ EXERCICE.

Comme le précédent, mais en employant pour la conjugaison au passé, la locution : Mes parents souhaitent que... et pour la conjugaison au plus-que-parfait, la locution : Mes parents souhaitaient que...

1. Partir avant l'aurore. — 2. Rentrer de bonne heure.—3. Terminer ses affaires avant son retour.— 4. Mériter un prix. — 5. Prendre de meilleures résolutions.

250ᵉ EXERCICE.

Changer le nombre des phrases suivantes.

1. Nous désirions que nos mères demeurassent près de nous. — 2. Je souhaite que tu vainques ta mauvaise habitude.—3. — Nos maîtres exigeaient que les élèves écrivissent soigneusement leurs devoirs. — 4. Tu craignais que je n'oubliasse ma commission. —

5. Nous voulons que vous appreniez vos leçons. —
6. Nous voudrions que vous les récitassiez sans faute.
—7. Ma sœur désire que je l'accompagne dans sa
promenade.—8. Je crains qu'elle ne tarde trop longtemps.—9. Nous aurions désiré que nos amis eussent
répondu à nos lettres. — 10. Nous voudrions qu'ils y
répondissent bientôt.

251ᵉ EXERCICE.

Comme le précédent.

1. Ma mère craignait que je ne fusse tombé dans
ce chemin raboteux. —2. Elle regrettait que je fusse
parti sans mon frère. — 3. Elle aurait voulu que
fusse revenu plus tôt. — 4. Nos camarades désirent que nous les aidions à bêcher leurs petits jardins.
—5. Ils voudraient que nous leur apportassions quelques rosiers. — 6. Mon père défend que j'aille avec
cet enfant menteur. — 7. Il veut que je choisisse un
ami sincère. — 8. Nous souhaitons que vous réussis-
siez dans vos entreprises. — 9. Nous craignions que
ces élèves ne sussent pas répondre à ces questions
difficiles.—10. Je désire que tu apprennes cette belle
fable.

252ᵉ EXERCICE.

Comme le précédent.

1. Nous vous donnerons des livres intéressants afin
que vous les lisiez volontiers.—2. Je te récompense-
rai pourvu que tu aies bien travaillé.—3. Vous reste-
rez près de nous à moins que vos cousins ne viennent vous chercher. — 4. Si riche que tu sois, tu ne
dois jamais être dédaigneux pour le pauvre. — 5. Je

serai revenu avant que tu partes.—6. Nous ne pouvions parler sans que ces enfants bavards nous interrompissent.—7. Je n'ai pu encore lire ce journal, quelque désir que j'en aie. — 8. Nous ne croyons pas les menteurs quoi qu'ils disent. — 9. Prends une bougie de peur que tu ne trébuches dans cet escalier. — 10. Je n'ai pu obtenir de place bien que je sois arrivé tôt.

REMARQUE. — Il faut, autant que possible, évite^r l'emploi du temps du subjonctif, surtout de l'imparfait, dont les terminaisons sont peu agréables à l'oreille. On se sert alors de l'infinitif; par exemple, au lieu de dire : *Votre père a permis que vous m'accompagnassiez*, dites plutôt : *Votre père vons a permis de m'accompagner.*

DES DIFFÉRENTES SORTES DE VERBES.

150. Il y a **cinq** *sortes de verbes*, savoir : le^s *verbes actifs*, les *verbes passifs*, les *verbes neutres*, les *verbes pronominaux* et les *verbes unipersonnels.*

Des verbes actifs.

151. Le *verbe actif* est celui qui exprime une action faite par le sujet et qui a un complément direct.

Ainsi dans cet exemple : Le chat mange la souris, *manger* est un *verbe actif*, car il a pour sujet *le chat*, qui fait l'action, et pour complément direct *la souris.*

152. On reconnaît qu'un verbe est *actif* quand on peut le faire suivre des mots *quelqu'un* ou *quelque chose*. Ainsi *aimer*, *écrire* sont des *verbes actifs*, car on peut dire *aimer quelqu'un*, *écrire quelque chose.*

REMARQUE. — Tous les *verbes actifs* sans exception, se conjuguent avec l'auxiliaire *avoir* dans leurs temps composés : *j'ai aimé, j'avais écrit*, etc.

Des verbes passifs.

153. Le *verbe passif* est celui qui exprime une action soufferte, reçue par le sujet.

Ainsi dans cet exemple : La souris est mangée par le chat, l'action est soufferte par le sujet *la souris* ; c'est pourquoi *est mangée* est un *verbe passif*.

154. Tout *verbe actif* a un *passif*. Ce *passif* se forme de l'auxiliaire *être* et du *participe passé* du *verbe actif* : *Être aimé, être estimé, être puni*, etc.

155. Il n'y a qu'une conjugaison pour tous les *verbes passifs* ; elle se fait avec l'auxiliaire *être* dans tous les temps. En voici le modèle :

156. *Conjugaison du verbe passif* ÊTRE AIMÉ.

MODE INDICATIF.

PRÉSENT.

Je suis aimé *ou* aimée.
Tu es aimé *ou* aimée.
Il est aimé *ou* elle est aimée
Nous sommes aimés *ou* aimées.
Vous êtes aimés *ou* aimées.
Ils sont aimés *ou* elles sont aimées.

IMPARFAIT.

J'étais aimé *ou* aimée, etc.

PASSÉ DÉFINI.

Je fus aimé *ou* aimée, etc.

PASSÉ INDÉFINI.

J'ai été aimé *ou* aimée, etc.

PASSÉ ANTÉRIEUR.

J'eus été aimé *ou* aimée.

PLUS QUE-PARFAIT.

J'avais été aimé *ou* aimée.

FUTUR.

Je serai aimé *ou* aimée.

FUTUR ANTÉRIEUR.

J'aurai été aimé *ou* aimée.

MODE CONDITIONNEL.

PRÉSENT.

Je serais aimé *ou* aimée.

PASSÉ *(1re forme).*

J'aurais été aimé *ou* aimée

PASSÉ *(2e forme.)*

J'eusse été aimé *ou* aimée.

MODE IMPÉRATIF.

Sois aimé *ou* aimée, etc.

MODE SUBJONCTIF.

PRÉSENT.

Que je sois aimé *ou* aimée.

IMPARFAIT.

Que je fusse aimé *ou* aimée, etc.

PASSÉ.

Que j'aie été aimé *ou* aimée

PLUS-QUE-PARFAIT.

Que j'eusse été aimé *ou* aimée, etc.

MODE INFINITIF·

PRÉSENT.

Être aimé *ou* aimée.

PASSÉ.

Avoir été aimé *ou* aimée.

PARTICIPE.

PRÉSENT.

Etant aimé *ou* aimée.

PASSÉ.

Ayant été aimé *ou* aimée.

253e EXERCICE.

Conjuguer les verbes passifs suivants à tous les modes, à tous les temps et à toutes les personnes.

1. Etre récompensé par ses maîtres. — 2. Etre chéri de ses parents.—3. Etre vu par Dieu.—4. Etre mordu par un chien.

254e EXERCICE.

Donner la forme passive aux propositions suivantes.

Ex. : Je tourmente mes camarades.

Ecrivez : Je suis tourmenté par mes camarades.

1. Tu apercevras mon frère. — 2. Vous nourrissez vos parents.—3. J'aime Dieu.—4. Cet enfant chérissait sa mère.—5. Nous connaissions votre cousin. —

6. Je blâmerais mon ami. — 7. Le chien caressa son maître.—8. Vous craignez vos ennemis.— 9. Jules avait frappé Louis.—10. Nous ne flattions personne. —11. Tu as insulté ce passant.—12. Vous accompagnâtes votre sœur.—13. Les mendiants poursuivront le chien.—14. Vous auriez rencontré votre oncle. — 15. Aime tes maîtres.—16. J'attends quelqu'un.

Des verbes neutres.

157. Le *verbe neutre* est celui qui ne peut avoir de complément *direct.*

158. On reconnaît qu'un verbe est *neutre* quand on ne peut le faire suivre des mots *quelqu'un* ou *quelque chose.* Ainsi *dormir, marcher,* sont des *verbes neutres,* car on ne peut pas dire : *Dormir quelqu'un, marcher quelque chose.*

159. La plupart des *verbes neutres* se conjuguent, comme les *verbes actifs,* avec l'auxiliaire *avoir : J'ai dormi, j'avais marché,* etc.

Mais il y a des *verbes neutres* qui se conjuguent dans leurs temps composés avec l'auxiliaire *être,* comme aller, arriver, tomber, venir, etc.

160. *Conjugaison du verbe neutre* TOMBER :

MODE INDICATIF.

PRÉSENT.	IMPARFAIT.
Je tombe.	Je tombais.
Tu tombes.	Tu tombais.
Il tombe.	Il tombait.
Nous tombons.	Nous tombions.
Vous tombez.	Vous tombiez.
Ils tombent.	Ils tombaient.

PASSÉ DÉFINI.

Je tombai.
Tu tombas.
Il tomba.
Nous tombâmes.
Vous tombâtes.
Ils tombèrent.

PASSÉ INDÉFINI.

Je suis tombé *ou* tombée.
Tu es tombé *ou* tombée.
Il est tombé *ou* elle est
   tombée.
Nous sommes tombés *ou*
   tombées.
Vous êtes tombés *ou* tom-
   bées.
Ils sont tombés *ou* elles
   sont tombées.

PASSÉ ANTÉRIEUR.

Je fus tombé *ou* tombée.
Tu fus tombé *ou* tombée.
Il fut tombé *ou* elle fut
   tombée.
Nous fûmes tombés *ou*
   tombées.
Vous fûtes tombés *ou*
   tombées.
Ils furent tombés *ou* elles
   furent tombées.

PLUS-QUE-PARFAIT.

J'étais tombé *ou* tombée.
Tu étais tombé *ou* tombée.
Il était tombé *ou* elle
   était tombée.

Nous étions tombés *ou*
   tombées.
Vous étiez tombés *ou*
   tombées.
Ils étaient tombés *ou* elles
   étaient tombées.

FUTUR.

Je tomberai.
Tu tomberas.
Il tombera.
Nous tomberons.
Vous tomberez.
Ils tomberont.

FUTUR ANTÉRIEUR.

Je serai tombé *ou* tombée
Tu seras tombé ou tombée
Il sera tombé *ou* elle sera
   tombée.
Nous serons tombés *ou*
   tombées.
Vous serez tombés *ou*
   tombées.
Ils seront tombés *ou* elles
   seront tombées.

MODE CONDITIONNEL.

PRÉSENT.

Je tomberais.
Tu tomberais.
Il tomberait.
Nous tomberions.
Vous tomberiez.
Ils tomberaient.

PASSÉ (1re *forme*)

Je serais tombé *ou* tombée
Tu serais tombé *ou* tombée.
Il serait tombé *ou* elle
   serait tombée.
Nous serions tombés *ou*
   tombées.
Vous seriez tombés *ou*
   tombées.
Ils seraient tombés *ou*
   elles seraient tombées.

PASSÉ 2e *(forme)*.

Je fusse tombé *ou* tombée.
Tu fusses tombé *ou* tombée
Il fut tombé *ou* elle fut
   tombée.
Nous fussions tombés *ou*
   tombées.
Vous fussiez tombés *ou*
   tombées.
Ils fussent tombés *ou* elles
   fussent tombées.

MODE IMPÉRATIF.

Tombe.
Tombons.
Tombez.

MODE SUBJONCTIF.

PRÉSENT.

Que je tombe.
Que tu tombes.
Qu'il tombe.
Que nous tombions.
Que vous tombiez.
Qu'ils tombent.

IMPARFAIT.

Que je tombasse.
Que tu tombasses.
Qu'il tombât.
Que nous tombasssions.
Que vous tombassiez.
Qu'ils tombassent.

PASSÉ.

Que je sois tombé *ou*
   tombée.
Que tu sois tombé *ou*
   tombée.
Qu'il soit tombé *ou* qu'elle
   soit tombée.
Que nous soyons tombés
   ou tombées.
Que vous soyez tombés
   ou tombées.
Qu'ils soient tombés *ou*
   qu'elles soient tom-
   bées.

PLUS-QUE-PARFAIT.

Que je fusse tombés *ou*
   tombée.
Que tu fusses tombé *ou*
   tombée.
Qu'il fût tombé *ou* qu'elle
   fût tombée.
Que nous fussions tombés
   ou tombées.
Que vous fussiez tombés
   ou tombées.
Qu'ils fussent tombés *ou*
   qu'elles fussent tom
   bées.

<table>
<tr><td>MODE INFINITIF.</td><td>PARTICIPE.</td></tr>
<tr><td>PRÉSENT.</td><td>PRÉSENT.</td></tr>
<tr><td>Tomber.</td><td>Tombant.</td></tr>
<tr><td>PASSÉ</td><td>PASSÉ.</td></tr>
<tr><td>Etre tombé ou tombée.</td><td>Tombé ou tombée.
Etant tombé ou tombée.</td></tr>
</table>

255e EXERCICE.

Conjuguer les verbes neutres suivants à tous les modes, à tous les temps et à toutes les personnes.

1. Partir en voyage. — 2. Arriver trop tard. — 3. Revenir de la ville.—4. Entrer en classe.

Des verbes pronominaux.

161. Le *verbe pronominal* est celui qui se conjugue avec *deux pronoms de la même personne*, dont le premier est sujet et le second complément, comme *je me flatte, tu te loues, il se blesse,* etc.

162. Les *verbes pronominaux* se conjugue dans leurs temps composés avec l'auxiliaire *être*.

163. *Conjugaison du verbe pronominal*
SE REPENTIR

<table>
<tr><td>MODE INDICATIF.</td><td>IMPARFAIT.</td></tr>
<tr><td>PRÉSENT.</td><td>Je me repentais, etc.</td></tr>
<tr><td>Je me repens.</td><td>PASSÉ DÉFINI.</td></tr>
<tr><td>Tu te repens.</td><td>Je me repentis, etc.</td></tr>
<tr><td>Il se repent.</td><td></td></tr>
<tr><td>Nous nous repentons.</td><td>PASSÉ INDÉFINI.</td></tr>
<tr><td>Vous vous repentez.</td><td>Je me suis repenti ou</td></tr>
<tr><td>Ils se repentent.</td><td>repentie, etc.</td></tr>
</table>

PASSÉ ANTÉRIEUR.

Je me fus repenti *ou* repentie, etc.

PLUS-QUE-PARFAIT.

Je m'étais repenti *ou* repentie, etc.

FUTUR.

Je me repentirai, etc.

FUTUR ANTÉRIEUR.

Je me serai repenti *ou* repentie, etc.

MODE CONDITIONNEL

PRÉSENT.

Je me repentirais, etc.

PASSÉ (1re *forme*)

Je me serais repenti *ou* repentie, etc.

PASSÉ (2e *forme*).

Je me fusse repenti *ou* repentie, etc.

MODE IMPÉRATIF.

Repens-toi.
Repentons-nous.
Repentez-vous.

MODE SUBJONCTIF.

PRÉSENT.

Que je me repente, etc.

IMPARFAIT.

Que je me repentisse, etc.

PASSÉ.

Que je me sois repenti *ou* repentie, etc.

PLUS-QUE-PARFAIT.

Que je me fusse repenti *ou* repentie, etc.

MODE INFINITIF.

PRÉSENT.

Se repentir.

PASSÉ.

S'être repenti *ou* repentie

PARTICIPE.

PRÉSENT.

Se repentant.

PASSÉ.

Repenti, repentie; s'étant repenti *ou* repentie.

REMARQUE 1. — Les seconds pronoms *me*, *te*, *se*, *nous*, *vous*, sont tantôt compléments directs et tantôt compléments indirects.

Ils sont complément directs s'ils signifient *moi*, *toi*, *soi*, *nous*, *vous*, *eux*, comme dans *je me flatte*, c'est-à-dire *je flatte moi*; *tu te loues*, c'est-à-dire *tu loues toi*, etc.

Ils sont compléments indirects s'ils signifient *à moi, à toi, à soi, à nous , à vous , à eux*, comme dans *je me donne des coups* , c'est-à-dire *je donne des coups à moi ; tu te nuis*, c'est-à-dire, *tu nuis à toi*, etc.

REMARQUE II. — On appelle verbes essentiellement pronominaux ceux qui ne peuvent se conjuguer sans deux pronoms de la même personne , comme *se repentir, s'emparer*, etc.

Dans les verbes essentiellement pronominaux , le second pronom est toujours complément direct. Il ne faut excepter que le verbe *s'arroger* où le second pronom est complément indirect : *Ils se sont arrogé des droits qu'ils n'ont pas.*

REMARQUE III. — On appelle verbes accidentellement pronominaux ceux que ne se conjuguent pas toujours avec deux pronoms de la même personne , comme *je me blesse , tu t'instruis.* etc. On dit aussi, avec un seul pronom, *je blesse un camarade ; tu instruis un ignorant*, etc.

Dans les verbes accidentellement pronominaux, les seconds pronoms sont tantôt compléments directs et tantôt compléments indirects , selon qu'ils signifient *moi, toi, soi , nous , vous , eux , ou à moi , à toi , à nous, à vous, à eux.*

256ᵉ EXERCICE.

Conjuguer les verbes pronominaux suivants à tous les modes, à tous les temps et à toutes le personnes. — Indiquer s'ils sont essentiellement ou accidentellement pronominaux.

1. S'agenouiller devant l'autel. — 2. S'évader de prison. — 3. Se plaindre d'un camarade. — 4. S'a-

percevoir de ses défauts. — 5. S'abstenir de parler.
— 6. Ne pas s'emparer du bien d'autrui. — 7.
S'appuyer sur la table. — 8. Se pourvoir d'argent,

Des verbes unipersonnels.

164. Le *verbe unipersonnel* est celui qui ne s'emploie qu'à la *troisième personne du singulier* de chaque temps, et qui a pour sujet le mot *il* ne tenant la place d'aucun nom, comme *il pleut, il faut étudier.*

165. *Conjugaison du verbe unipersonnel*
PLEUVOIR.

MODE INDICATIF.	MODE CONDITIONNEL.
PRÉSENT.	PRÉSENT.
Il pleut.	Il pleuvrait.
IMPARFAIT.	PASSÉ (1re *forme*)
Il pleuvait.	Il aurait plu.
PASSÉ DÉFINI.	PASSÉ (2e *forme*).
Il plut.	Il eût plu.
PASSÉ INDÉFINI.	*Point d'Impératif.*
Il a plu.	MODE SUBJONCTIF.
PASSÉ ANTÉRIEUR.	PRÉSENT.
Il eut plu.	Qu'il pleuve.
PLUS QUE-PARFAIT.	IMPARFAIT.
Il avait plu.	Qu'il plût.
FUTUR.	PASSÉ.
Il pleuvra.	Qu'il ait plu.
FUTUR ANTÉRIEUR.	PLUS QUE-PARFAIT.
Il aura plu.	Qu'il eût plu.

<table>
<tr><td>MODE INFINITIF.</td><td>PARTICIPE.</td></tr>
<tr><td>PRÉSENT.</td><td>PRÉSENT.</td></tr>
<tr><td>Pleuvoir.</td><td>Pleuvant.</td></tr>
<tr><td>PASSÉ.</td><td>PASSÉ.</td></tr>
<tr><td>Avoir plu.</td><td>Plu, ayant plu.</td></tr>
</table>

REMARQUE. — Un grand nombre de verbes peuvent devenir *accidentellement unipersonnels ;* c'est ainsi que l'on dit : *Il est* bon de lire; *il tombe* de la neige, etc.

257ᵉ EXERCICE.

Conjuguer les verbes unipersonnels suivants aux modes et aux temps usités

1. Falloir écrire soigneusement. — 2. Neiger pendant la nuit. — 3. Tonner fréquemment. — 4. Geler très-fort.

DU PARTICIPE.

166. Le *participe* est un mot qui tient à la fois du verbe et de l'adjectif.

Il tient du *verbe*, puisqu'il en est formé : *Aimant, aimé.*

Il tient de l'*adjectif*, puisque comme lui, il peut se se rapporter à un nom : *Un père aimé, une mère aimée.*

167. Il y a *deux sortes de participes :* le *participe présent* et le *participe passé.*

168. Le *participe présent* est toujours terminé en **ant**, comme *aimant, finissant, recevant, rendant.* Il reste toujours invariable.

169. Le *participe passé* a diverses terminaisons, comme *aimé, fini, reçu, ouvert, peint, clos.* Il est soumis à plusieurs *règles* d'accord qui seront indiquées plus loin.

258e EXERCICE.

Trouver le participe présent des verbes suivants.

Ex. : Aimer, *participe présent* aimant.
Finir, *participe présent,* finissant.

Chanter. Courir. Recevoir. Vendre. Apercevoir. Lier. Punir. Voir. Souffrir. Planter. Marcher. Connaître. Rire. Mourir. Avertir. Peindre. Savoir. Craindre. Plaindre. Ceindre. Eteindre. Avoir. Etre. Prendre. Ecrire. Lire. Soustraire. Manger. Avancer. Soulager. Changer. Menacer. Jeter. Envoyer. Appeler. Offrir. Prévoir. Revenir. Conclure. Soutenir. Fuir. Comprendre. Nuire. Servir. Louer. Ecouter. Consentir. Concevoir. Tendre. Contraindre. Absoudre. Dissoudre.

259° EXERCICE.

Trouver le participe passé des verbes de l'exercice précédent.

Accord du participe passé.

170. 1re RÈGLE. — Le *participe passé* employé sans auxiliaire, s'accorde en genre et en nombre avec le nom auquel il se rapporte et s'appelle alors *participe-adjectif.*

Ex. : Un pays éloigné, des pays éloignés ; une ville éloignée, des villes éloignées.

260ᵉ EXERCICE.

Remplacer les points par le participe-adjectif précédent, en ayant soin de le faire accorder comme il convient.

Ex. : Une mère aimée, etc.

NOTA. — Lors de la correction du devoir, l'élève devra expliquer de vive voix l'accord du participe-adjectif.

Un enfant *aimé*. Une mère a.... Des frères a....Des sœurs a.... — Un devoir *fini*. Des cahiers f.... Une page f.... Nos tâches f.... — La semaine *passée*. Le temps p.... Les années p... Plusieurs jours p.... —Des arbres *morts*. Les feuilles m.... Un soldat m.... Une personne m.... Une femme et un homme m....— Un lilas *fleuri*. Des rosiers f.... Des prairies f.... Cette campagne f.... — Des problèmes *compris*. Une leçon c.... Des explications c.... Un mot non c.... — Des boutons *dorés*. Une chaîne... Un livre d.... Des tranches d.... Une assiette, une tasse et un gobelet d.... — Un bras *coupé*. Les deux jambes c.... Plusieurs doigts c.... Une branche c.... — La porte *ouverte*. Un vasistas o.... Des fenêtres o.... Les yeux o....—Les mains *fermées*. Un œil f.... La bouche f.... Les tiroirs f....

261ᵉ EXERCICE.

Comme le précédent.

Un élève *puni*. Une jeune fille p.... Les méchants p.... Les petites menteuses p.... — Un paquet *reçu*. Des lettres r.... Une nouvelle r.... Des avis r.... — Un cheval *vendu*. Un âne v.... Des juments v.... Une vache et une génisse v.... Des moutons v.... Une maison et un champ v....—Un miroir *cassé*. Des carreaux c.... Une vitre c.... Des chaises c.... Une bouteille et un verre c.... — Une fleur *épanouie*. Un œillet é.... Des roses é.... Des dahlias é.... Quelques tulipes et quelques giroflées é.... — Un devoir *copié*. Une composition c.... Plusieurs pages c.. . Une dictée et un problème c.... Des exercices c.... — Un malade *endormi*. Les convalescentes en.... Les gardiens en..., Ces petites filles en.... Des récompenses *promises*. Un prix p.... Des bons points p... La terre p....—Un homme *estropié*. Cette dame e.... Ces malheureux e.... Ces femmes e.... Un frère et une sœur e....

Accord du participe passé.

171. 2e RÈGLE.—Le *participe passé* accompagné de l'auxiliaire *être* s'accorde en genre et en nombre avec le sujet du verbe.

Ex. : Je suis tombé, nous sommes tombés ; elle est tombée, elles sont tombées.

262e EXERCICE

Dans les propositions suivantes, remplacer le sujet écrit en italique successivement par chacun des autres sujets qui sont entre ( ) à la suite de chaque proposition, et faire accorder chaque fois le participe passé comme il convient.

Ex. : *Je* suis venu de grand matin. (Pauline — Mes cousines — Vous — Mon père et moi).

Ecrire :

Pauline est *venue* de grand matin.
Mes cousines sont *venues* de grand matin.

Vous êtes *venus* de grand matin.

Mon père et moi, nous sommes *venus* de grand matin.

Nota. — Lors de la correction du devoir, l'élève devra expliquer de vive voix l'accord de chaque participe passé.

1. *Mon père* est parti en voyage. (Ma mère — Mes frères — Mes sœurs — Mon oncle et ma tante).

2. *Je* suis allé voir mon cousin. (Nous — Elle — Elles — Alfred et toi).

3. *Ma tâche* sera bientôt finie. (Mon travail et le tien — Nos pages — Nos devoirs — Le mois).

4. *Tu* étais aimé de tes parents. — Elles — Vous — Ils).

5. *Vos petits camarades* sont tombés en courant. (Il — Elles — Votre amie).

6. Quand es-*tu* arrivé ? (Vous — Elles. — Elle).

7. *Adam* fut puni par sa désobéissance. (Eve — Ces élèves — Jules et Marie — Louise et Antoinette).

8. *Henri* sera récompensé pour sa bonne conduite. (Henri et Arthur — Sophie — Jean et Mélanie — Victorine et Félicie).

263ᵉ EXERCICE.

Comme le précédent.

1. Serait-*il* arrivé ce soir ? (Elles — Nous — Elles).
2. *Nous* sommes revenus hier de Paris. (Je — Ma cousine — Mon frère et moi — Ma sœur et ma mère).

3. *Le ciel* était couvert. (Vos mains — Ces murs — Sa tête.

4. *Je* fus soulagé par cette dame charitable. (Vous — Ces orphelines — Elle — Toi et lui).

5. *Cet ouvrier* est chargé d'un fardeau pesant. (Ils — Nous — Elles — Julien et moi).

6. *Mes compagnons* sont disparus tout-à-coup. (Elle — Je — Mes compagnes — Auguste et Henriette).

7. *Etes-vous* descendus au fond de votre conscience ? (Je — Elles — Elle).

8. *Le petit entêté* sera contraint d'obéir. (Elles — Augustine — Charles et Joseph — Eux et moi).

264e EXERCICE.

Comme le précédent.

1. *Vous* n'étiez pas obligés de terminer votre travail aujourd'hui. (Je — Lui et moi — Ernestine et Amélie — Elle).

2. *Ces cahiers* seront écrits soigneusement. (Votre page — Notre devoir — Ces lignes).

3. *J'ai* été grondé pour ma négligence. (Rosalie — Nous — Elles — Arthur et toi).

4. *Paul* est sorti sans permission. (Isidore et moi — Elle — Vous — Elles).

5. *Aurais-tu* été puni ? (Nous — Elle — Elles).

6. *J'avais* été retenu par mon ami. (Mélanie et Joséphine — Hippolyte et toi — Nous — Elle).

7. *Ces enfants* sont nés le 20 septembre. (Ma sœur — Votre fils — Ma cousine et moi — Thérèse et Eugénie).

8. *Ce raisin* a été cueilli par notre jardinier. (Ces poires — Ces abricots — Cette rose — Ces cerises et ces groseilles).

17

265e EXERCICE.

Comme le précédent.

1. *Félicie* est accusée de mensonge. (Tu — Nous — Elles — Ma sœur et moi).

2. Ce *verre* a été cassé par notre servante maladroite. (Cette carafe — Ces carafons — Deux tasses et deux bols — Plusieurs glaces).

3. Ce *poisson* n'était pas assez frit. (Cette sole — Ces carpillons — Ces anguilles — Ce brochet et cette carpe).

4. Votre *grand-père* est avancé en âge. (Votre grand'mère — Je — Elle et toi — Ces femmes).

5. *Je* fus atteint au front par cette pierre. (Elles — Vous — Ton cousin et moi — Adolphine).

6. Ce *chêne* a été planté par mon bisaïeul. (Cette vigne — Ces frênes — Ces haies — Ce noyer et ce marronnier).

7. Notre *maison* fut construite en six mois. (Ces bâtiments — Vos écuries — Ces murs — Notre grange et notre hangar).

8. *Tu* as été blâmé et puni par les parents. (Nous — Léonie et Isabelle — Virginie — Théophile et toi).

Accord du participe passé.

172. 3e RÈGLE. — Le participe passé accompagné de l'auxiliaire **avoir** s'accorde en genre et en nombre avec le *complément direct*, s'il en est *précédé*, et reste *invariable* si le *complément direct* est *après*, ou s'il n'y en a pas.

EXEMPLES : J'ai rencontré vos parents et je les ai salués.

Le participe passé *rencontré* reste *invariable*, car il est *suivi* du complément direct *vos parents*.

Le participe passé *salués* est du *masculin pluriel*, car il s'accorde avec le complément direct *les*, qui le *précède*.

La lettre que vous avez écrite était illisible.

Le participe passé *écrite* est du *féminin singulier*, car il s'accorde avec le complément direct *que* (mis pour lettre) qui le *précède*.

266e EXERCICE.

Terminer les phrases commencées en ayant soin de donner au participe passé l'orthographe qui lui convient.

J'ai prié le Seigneur et il m'a exaucé.
Ma mère a....
Nous avons....
Elles ont....
J'ai étudié mon catéchisme, puis je l'ai récité sans faute.
J'ai étudié ma leçon...
J'ai étudié trois chapitres...
J'ai étudié deux fables....
Nous vous avons envoyé un bouquet, l'avez-vous reçu ?
Nous vous avons envoyé des fleurs....
Nous avons envoyé une lettre ...
Nous vous avons envoyé deux paquets....
Ce cheval ne nous convenait pas, nous l'avons vendu.
Ces bœufs....

Cette jument....
Ces vaches....
Votre devoir est facile, vous l'aurez bientôt fini.
Votre tâche....
Vos exercices....
Vos analyses....

267ᵉ EXERCICE.

Comme le précédent.

Je reconnus mon cousin aussitôt que je l'eus aperçu.
Je reconnus mes cousines....
Je reconnus mes frères....
Je reconnus mon amie....
Si cet élève avait persisté dans sa négligence, je l'aurais puni.
Si Julie....
Si Arthur et Louis....
Si Stéphanie et Marie....
Cet édifice est beau, je l'ai visité hier.
Ces musées....
Ces églises....
Cette chapelle....
Berthe est malade, je lui ai envoyé des secours.
Ces pauvres veuves....
Auguste....
Ces petits orphelins....
Si ce jardin n'avait coûté aussi cher, nous l'eussions acheté.
Si cette maison....
Si ces chevaux....
Si ces robes....

268e EXERCICE.

Comme le précédent.

Le livre que j'ai lu était intéressant.
Les journaux....
La brochure....
Les nouvelles....
Le pantalon que tu as déchiré était neuf.
La blouse....
Les gilets ...
Les redingotes....
Le puits que nous avons creusé est peu profond.
Les rigoles....
La citerne....
Les trous....
Le travail que mon frère avait entrepris a été interrompu par la pluie.
La tâche.
Les labours....
Les promenades....
Le devoir que vous avez commencé n'a pas été achevé.
Les exercices....
La lettre....
Les pages....

269e EXERCICE.

Comme le précédent.

J'ai reçu l'ouvrage que vous m'avez envoyé.
J'ai reçu la lettre....
J'ai reçu les volumes....
J'ai reçu la montre et la chaîne....
Julie offrira à sa mère la fleur qu'elle a cueillie.

Julie offrira à sa mère les raisins....
Julie offrira à sa mère les cerises....
Julie offrira à sa mère la pomme et la poire....
Arthur a retrouvé le couteau que vous avez perdu.
Arthur a retrouvé l'aiguille. ..
Arthur a retrouvé les épingles....
Arthur a retrouvé les deux sous....
Remercions Jésus-Christ pour le supplice qu'il a souffert pour nous.
Remercions Jésus-Christ pour les tourments...
Remercions Jésus-Christ pour la mort....
Remercions Jésus-Christ pour les angoisses....
Nous avons salué le vieillard que nous avons rencontré.
Nous avons salué la personne....
Nous avons salué les deux prêtres...
Nous avons salué les dames....

REMARQUE SUR LE PARTICIPE PASSÉ DES VERBES PRONOMINAUX.

173. Le *participe passé* des *verbes pronominaux*, bien qu'accompagné de l'auxiliaire *être*, suit la règle du participe joint à l'auxiliaire *avoir*, c'est-à-dire qu'il s'accorde avec le complément direct, s'il en est précédé.

Ex. : Elle *s'*est repentie de sa faute.
Nous *nous* sommes trompés.

Le *participe* reste *invariable* si le complément direct est après, ou s'il n'y en a pas.

Ex. : Ils *se* sont coupé les doigts.
Elles *se* sont nui.

REMARQUE SUR LE PARTICIPE PASSÉ DES VERBES UNIPERSONNELS.

174. Le *participe passé* des *verbes unipersonnels* reste toujours invariable.

Ex. : Les chaleurs qu'il *a fait* cet été étaient accablantes.

270e EXERCICE.

Dans les phrases suivantes, remplacer les mots écrits en italiques, successivement par ceux qui se trouvent entre ( ) à la suite de chaque phrase, en ayant soin de donner chaque fois au participe l'orthographe qui lui convient.

1. *Ce petit polisson* s'est moqué d'un estropié. (Ils—Elle—Octavie et Hortense.)

2. *Je* me suis évanoui. (Ces dames — Nous — Ma sœur.)

3. *Tu* t'es arrogé le droit de commander. (Elle—Ces enfants—Nos cousines.)

4. *Mon frère* s'était flatté de réussir mieux que moi. (Ces petits orgueilleux—Eulalie—Elles.)

5. *Le brouillard* qu'il a fait m'a empêché de sortir. (La chaleur—Les froids—Les mauvais temps.)

6. *Ce maçon* s'est cassé le bras en tombant de l'échafaudage. (Ces ouvriers — Cette plafonneuse — Elles.)

7. *Le voleur* s'est emparé d'un précieux bijou. (Vous—Elle—Elles.)

8. *Tu* t'es réfugié auprès de ta mère. (Oscar et Léon—Elisa et Herminie—Philomène.)

271ᵉ EXERCICE.

Comme le précédent.

1. Je ne pourrais dire *l'argent* qu'il a fallu pour construire cette magnifique cathédrale. (La somme— Les années—Les matériaux.)

2. Si j'avais réussi, *mon père* se serait réjoui de mes succès. (Ma sœur—Mes parents—Mes tantes.)

3. T'es-*tu* corrigé de tes défauts ? (Elle — Ils— Elles.)

4. *Je* m'étais fait une blessure. (Nous — Marie — Elles.)

5. *Mon ami* s'est blessé avec cette arme tranchante. (Ces petites imprudentes.—Vous—Elle.)

6. *Tu* t'es empressé de secourir le blessé. (Deux médecins—Cette personne charitable—Elles.)

7. Sans votre obligeance, *je* me serais trompé de route. (Elle — Ces voyageurs — Alphonsine et Marguerite.)

8 *Jules* s'était réservé la meilleure place. (Jeanne et Augustin—Ces égoïstes—Lucie.)

272ᵉ EXERCICE.

Comme le précédent.

1. *Je* me suis blotti dans un petit coin. (Nous — Elle—Elles.)

2. *Notre serin* s'est évadé de sa cage. (Notre alouette—Nos chardonnerets—Nos tourterelles.)

3. *Cet ouvrier* s'est accordé un instant de repos. (Ces moissonneurs—Ces ouvrières—Elle.)

4. *Je* sortis aussitôt que *je* me fus lavé les mains. (Vous—Elle—Elles.)

5. *Les hannetons* qu'il y a eu cette année ont dévasté nos arbres. (Les chenilles—Les insectes.)

6. *Fernand* s'est sali dans ce chemin boueux. (Nous—Ma sœur—Léocadie et Cécile.)

7. *Je* me suis mis à la poursuite du voleur. (Ils—Elles—Félicité.)

8. *Tu* te seras occasionné bien des ennuis par ta faute. (Vous—Ces petites filles—Elle.)

Exercices de récapitulation générale.

273ᵉ EXERCICE.

Mettre le récit suivant au pluriel.

Ex. : Les favoris d'un prince jetèrent des pierres à deux pauvres moines... etc.

Le favori d'un prince jeta une pierre à un pauvre moine qui lui demandait l'aumône. Le religieux outragé n'osa rien dire : mais il ramassa la pierre et la garda, se promettant bien de la rejeter, tôt ou tard, à cet homme superbe et cruel. Quelque temps après, on vint lui dire que le favori était disgracié ; que par l'ordre du prince, on le promenait dans la rue, monté sur un chameau, et exposé aux insultes de la populace. Aussitôt, le moine courut prendre sa pierre : mais après un moment de réflexion, il la jeta sur le bord de la route. « Je sens à présent, dit-il, que le véritable chrétien ne doit jamais se venger. Quand mon ennemi était puissant, j'aurais été imprudent et fou de l'attaquer; maintenant qu'il est faible et malheureux, je serais lâche et cruel de le châtier.

274ᵉ EXERCICE.

Comme le précédent.

J'ai eu autrefois un jeune orang-outang. J'ai pu l'étudier, et il m'a souvent étonné par son intelligence. J'ai vu cet animal présenter la main pour reconduire la personne qui venait le visiter et se promener gravement avec elle. Je l'ai vu s'asseoir à table, déployer sa serviette, se sevir de sa cuiller et de sa fourchette pour porter à sa bouche, verser lui-même sa boisson dans un verre, le choquer lorsqu'il y était invité, aller prendre une tasse et une soucoupe, les apporter sur la table, y mettre un morceau de sucre, y verser du thé, le laisser refroidir pour le boire, et tout cela sur un simple signe que je lui adressais, et souvent de lui-même. Ce jeune orang-outang était fort doux, aimait beaucoup à être caressé, particulièrement par mon fils, jouait avec lui, et cherchait à imiter tout ce qu'on faisait devant lui.

275ᵉ EXERCICE. (Suite).

Comme le précédent.

Mon singe savait très-bien prendre la clef de la chambre où il était logé, l'enfoncer dans la serrure, ouvrir la porte. Je mettais quelquefois cette clef sur une armoire; il grimpait alors sur cette armoire par une corde suspendue au plancher, et qui lui servait ordinairement pour se balancer. Je fis un nœud à cette corde pour la rendre plus courte; il défit ce nœud.

J'allai un jour le visiter avec un illustre vieillard, observateur fin et profond, mais dont l'habit singulier, le pas lent, le corps voûté, fixèrent aussitôt l'attention du jeune animal. Celui-ci se prêta complaisamment à tout ce que j'exigeai de lui, l'œil toujours attaché sur le vieillard. Tout à coup il s'approcha de son nouveau visiteur, prit, avec douceur et malice, le bâton qu'il tenait à la main, et feignant de s'appuyer dessus, courbant son dos, ralentissant son pas, il fit ainsi le tour de la pièce où il était, imitant la pose et la marche de mon vieil ami. Il rapporta ensuite le bâton de lui-même, et je le quittai, convaincu que lui aussi savait observer.

276ᵉ EXERCICE.

Comme le précédent.

Le tigre est bassement féroce et cruel ; aussi est-il plus à craindre que le lion. Celui-ci souvent oublie qu'il est roi, c'est-à-dire le plus fort de tous les animaux. Marchant d'un pas tranquille, il n'attaque jamais l'homme, à moins qu'il ne soit provoqué ; il ne précipite ses pas, il ne court, il ne chasse que quand il est pressé par la faim. Le tigre, au contraire, quoique rassasié de chair, semble toujours être altéré de sang. Il saisit et déchire une nouvelle proie avec la même rage qu'il vient d'exercer et non pas d'assouvir en dévorant la première. Il désole le pays qu'il habite ; il ne craint ni l'aspect, ni les armes de l'homme ; il égorge, il dévaste le paisible troupeau, attaque, quand il le rencontre, le petit éléphant, le jeune rhinocéros, et quelquefois même ose braver le lion.

277e EXERCICE.

Mettre le récit suivant au singulier.

Ex. : L'écureuil est un joli petit animal... etc.

Les écureuils sont de jolis petits animaux, gentils, dociles, et qui mériteraient d'être épargnés. Ils ne sont ni carnassiers ni nuisibles ; les amandes, les noisettes, les faînes et les glands composent leur nourriture ordinaire. Ils sont propres, lestes, vifs, très-alertes, très-éveillés, très-industrieux. Ils sont, pour ainsi dire, moins quadrupèdes que les autres : ils se tiennent le plus souvent assis presque debout, et se servent de leurs pieds de devant, comme d'une main pour porter à leur bouche. Au lieu de se cacher sous terre, ils sont toujours en l'air ; ils approchent des oiseaux tant ils sont légers, ils demeurent comme eux sur les cimes des arbres, parcourent les forêts en sautant des uns aux autres, y font leurs nids et ne descendent à terre que quand les arbres sont agités par des vents violents.

178e EXERCICE.

Comme le précédent.

Les bœufs sont bien plus utiles pour les hommes que les chevaux et les ânes. Ils nous servent et nous nourrissent tout à la fois. C'est sur eux que roulent tous les travaux de la campagne ; ils sont les domestiques les plus importants des fermes, les soutiens des ménages champêtres. Autrefois ils faisaient toutes les richesses des hommes, et aujourd'hui ils rendent encore d'immenses services aux États, qui ne sont riches et florissants que par la culture des terres et par l'abondance des bestiaux.

Les bœufs ne conviennent pas autant que les chevaux et les ânes pour porter des fardeaux, mais ils semblent avoir été faits exprès pour tirer les charrues. Lents dans leurs mouvements, tranquilles et patients dans les rudes travaux qui leur sont imposés, ils sont éminemment propres à la culture des champs, et plus capables qu'aucun autre animal de vaincre la résistance constante et toujours nouvelle que la terre oppose à leurs efforts.

279ᵉ EXERCICE.

Comme le précédent.

Célestin et Jules étaient deux bons petits enfants dociles, aimables et chéris de tout le monde à cause de leurs bonnes qualités. Tous les jours, ils se levaient de bonne heure, faisaient aussitôt leurs prières, apprenaient leurs leçons, les récitaient à leurs mères, déjeunaient et se rendaient ensuite au collége. « Allez, mes enfants, leur disait-on, et soyez bien sages. » Célestin et Jules embrassaient leurs parents et partaient. En classe, ils étaient attentifs respectueux et obéissants. Ils étaient presque toujours récompensés pour leurs devoirs, car ces excellents petits garçons mettaient tous leurs soins à les bien faire. Ils savaient que ceux qui refusent de s'instruire étant jeunes, ne sont jamais que des ignorants qui se repentiront trop tard d'avoir été négligents. Aussi, Célestin et Jules travaillaient-ils de toutes leurs forces. Les bons élèves étaient volontiers leurs amis, avec ceux-ci, ils étaient doux, polis, complaisants et modestes. Mais quand des paresseux les approchaient, ils les fuyaient avec le même empressement qu'ils mettaient à rechercher la société de ceux qui se distinguaient par leur bonne conduite et leur application.

18

280ᵉ EXERCICE.

Comme le précédent.

Que faites-vous, mes enfants? Pourquoi frappez-vous ces pauvres chevaux qui ne vous ont pas offensés? Pensez donc combien ils nous sont utiles. Hier, ils vous portaient ; tout à l'heure, ils conduiront vos frères à la ville ; demain ils iront labourer nos champs. Tous les jours, ils ont à supporter les fatigues nouvelles. Songez, mes enfants, que les animaux n'ont pas été créés pour satisfaire les instincts cruels qui dominent chez certains individus et qui les ravalent au-dessous des brutes elles-mêmes. Les hommes intelligents et bien élevés voient, au contraire, dans les animaux, des auxiliaires indispensables que Dieu leur a donnés pour les aider dans leurs travaux, et ils reconnaissent leurs services par de bons traitements.

A Athènes, où cependant les esclaves étaient durement traités, les juges punissaient comme ingrats ceux qui laissaient mourir de faim les vieux chevaux qui les avaient servis. Voulez-vous donc, mes enfants, vous montrer moins humains que les païens qui ne connaissaient pas la douce morale de l'Evangile?

Remarques orthographiques.

1° On peut connaître les *consonnes finales* d'un très-grand nombre de mots par les *dérivés* de ces mots. Ainsi la terminaison **l** de *fusil* est indiquée par le dérivé *fusiller ;* la terminaison **p** de *galop* est indiquée par le dérivé *galoper*, etc.

L'usage apprend les exceptions d'ailleurs peu nombreuses.

2º Les noms féminins dont la terminaison se prononce **té**, ne prennent point d'**e** *muet* à la fin, s'ils dérivent d'un adjectif. Tels sont les mots *beauté*, *solidité*, *dureté*, qui dérivent des adjectifs *beau*, *docile*, *dur*.

Au contraire, ces noms finissent par **e** *muet*, s'ils dérivent d'un verbe. Tels sont les *dictée*, *jetée*, *montée*, qui dérivent des verbes *dicter*, *jeter*, *monter*.

4º Les mots commençant par **af** prennent *deux* **f**, excepté *éfaufiler*.

5º Les mots commençant par **of** prennent tous deux **f** : *offense*, etc.

6º Les mots commençant par **ref** ne prennent jamais *deux* **f** : *réflexion*, *réforme*, etc.

7º Les mots commençant par **suf** prennent tous deux **f** : *suffisant*, etc.

8º Les mots commençant par **sup** prennent *deux* **p** : *supplice*.—Il faut excepter *suprême*, *suprématie*, et les mots commençant par *super*, comme *supérieur*, *supercherie*, etc.

9º Dans un même mot, l'**i** ou l'**y** n'est jamais précédé d'un **j**. Ainsi l'on écrit par un **g**, *agile*, *girafe*, *gymnase*, etc.

10º Les noms terminés par **appe**, sont : *grappe*, *nappe* et *trappe*.

Les autres noms de même prononciation finale ne prennent qu'un **p** ; *attrape*, *chape*, etc.

11º La terminaison **ciable** s'écrit par un **c** : *sociable*, *inappréciable*, etc.—Il n'y a qu'une seule exception : *insatiable*.

12º *Contraindre*, *craindre* et *plaindre* sont les seuls verbes de cette prononciation finale qui s'écrivent par un **a** ; tous les autres prennent un **e** : *peindre*, *teindre*, etc.

13° Excepté *épandre* et *répandre*, qui s'écrivent par **a**, tous les verbes qui ont la même prononciation finale prennent un **e** : *attendre, rendre*, etc.

14° Les noms dont la prononciation finale est **oupe**, s'écrivent avec un seul **p** : *soupe, troupe*, etc. —Il faut excepter *houppe*.

15° *Gazon* et *horizon* sont les seuls noms terminés par **zon** ; les autres s'écrivent par **s** : *poison, trahison*, etc.

16° Les voyelles nasales, *an, en, in, on, un*, s'écrivent par une **m**, devant **b**, **mm**, **p** : *tambour, tempête, timbale, trompette, homme, femme, impératrice, colombe, humble*, etc.

17° Tous les mots en **ége** s'écrivent par un accent **aigu** : *collége, sacrilége*, etc.

18° Tout verbe *précédé d'une préposition* se met à l'infinitif : On va à l'église *pour adorer* Dieu afin *de mériter* ses grâces

19° En général, quand *deux verbes* se suivent, le second se met à l'infinitif : Nous *devons aimer* notre prochain comme nous-mêmes.

20° La lettre **e** suivie d'un **x** ou d'une *double consonne*, ne prend jamais d'accent : Exemple, *Examen, promesse, terre*, etc.

TROISIÈME PARTIE.

DE L'ANALYSE.

175. *Il y a deux sortes d'analyses : l'analyse logique et l'analyse grammaticale.*

DE L'ANALYSE LOGIQUE.

L'analyse logique, telle que nous la présentons ici, a uniquement pour but d'exercer les élèves à distinguer simplement les parties constitutives de chaque proposition afin de leur appliquer les règles d'accord qui les régissent. Ramenée à ces limites, l'analyse logique se trouve heureusement débarrassée de tous ces termes qui rebutent les élèves de tous les âges et dont, pour notre part, nous n'avons pu réussir jusqu'ici à trouver l'utilité pratique. Nous croyons par expérience que l'analyse logique, faite simplement comme ci dessous, conduit les élèves à une orthographe raisonnée et par conséquent sûre C'est un beau résultat et nous n'en ambitionnons pas d'autre.

176. *L'analyse logique consiste à décomposer toute proposition en ses parties essentielles.*

177. On donne le nom de *proposition* à la réunion essentielle d'un *verbe*, de son *sujet*, d'un *attribut* ou d'un *complément*.

DU SUJET.

178. Le *sujet* est le mot indiquant *qui* fait la chose ou *qui* est dans l'état qu'exprime le verbe.

Il répond à la question *qui* faite *devant le verbe.* Exemple :

DIEU ET JUSTE.

Qui est juste ? Réponse : *Dieu.* Le *sujet* du verbe est *Dieu.*

REMARQUE.—Le *sujet* est quelquefois *sous-entendu.* Exemple :

ÉTUDIEZ VOS LEÇONS.

C'est-à-dire, *vous*, étudiez vos leçons.

DE L'ATTRIBUT.

179. L'*attribut* est le mot qui marque la *manière d'être* du sujet.

Il répond à la question *quoi* faite *après le verbe être.* Exemple :

DIEU ET JUSTE.

Dieu est *quoi* ? Réponse : *juste.* L'*attribut* du sujet est *juste.*

Règle d'accord de l'attribut avec le sujet.

180. Quand l'*attribut* est un adjectif, il s'accorde en *genre* et en *nombre* avec le *sujet.*

Ex. : Ce fruit est *mûr* ; ces fruits sont *mûrs* ; cette poire est *mûre* ; ces cerises sont *mûres.*

1ᵉʳ Modèle d'analyse logique.

DIEU EST JUSTE.

Le verbe est **est**.

Qui est juste ? Réponse : *Dieu.* Le sujet du verbe est *Dieu.*

Dieu est quoi ? Réponse : *juste.*

L'attribut du sujet est *juste.*

281ᵉ EXERCICE (1).

Faire l'analyse logique des propositions suivantes.

1. Le temps est beau.
2. Ces lapins sont gris.
3. Joseph était vertueux.
4. Vous êtes bavards.
5. Tu fus menteur.
6. La France est fertile.
7. Les chevaux sont des animaux utiles.
8. Cette pluie sera bienfaisante.
9. Vous étiez ennuyeux.
10. Ces livres sont instructifs.
11. Nous sommes négligents.
12. Cet enfant est poli.
13. Les Gaulois sont nos ancêtres.
14. J'étais studieux.

(1) Cet exercice et les suivants doivent être scindés en un certain nombre de parties, selon le temps dont les élèves peuvent disposer. Il suffit ordinairement de donner à la fois trois ou quatre propositions, car il ne faut pas oublier que ces exercices doivent marcher de pair avec ceux de la 2ᵉ partie, à compter du 79ᵉ. De plus, il est bon, pour varier le travail, de faire alterner les devoirs d'analyse logique avec ceux d'analyse grammaticale.

15. Nos pêches sont mûres.
16. Fûtes-vous obligeants ?
17. Elles seront heureuses.
18. Soyez bons.
19. Sois courageux.
20. Le ciel est pur.
21. As-tu été charitable ?
22. Je suis homme.
23. Nous sommes frères.
24. Un véritable ami est un trésor.

DU COMPLÉMENT.

181. On appelle *complément* tout mot qui complète, c'est-à-dire achève le sens d'un autre mot.

Ex. : J'écris une *lettre*.

Le mot *lettre*, qui complète le sens du verbe *écris*, en indiquant *quelle chose* j'écris, est un *complément*.

182. Il y a *quatre espèces de compléments* : 1º Le complément direct ; 2º le complément indirect ; 3º le complément circonstanciel ; 4º le complément déterminatif.

Du complément direct.

183. Le *complément direct* est un ou plusieurs mots *complétant*, c'est-à-dire *achevant* le sens du verbe, *sans le secours d'aucune préposition*.

Il répond à la question *qui* ou *quoi* faite *après le verbe*. Exemples :

J'AIME MES PARENTS.

J'aime *qui* ? Réponse : *mes parents*.
Le *complément direct* du verbe est *mes parents*.

NOUS AIMONS L'ÉTUDE.

Nous aimons *quoi ?* Réponse : *l'étude.*
Le *complément direct* du verbe est *l'étude.*

2ᵉ Modèle d'analyse logique.

L'ENFANT CHÉRIT SA MÈRE

Le verbe est *chérit.*

Qui chérit sa mère ? Réponse : *l'enfant.* Le sujet du verbe est *l'enfant.* L'enfant chérit *qui ?* Réponse : *sa mère.* Le complément direct du verbe est *sa mère.*

282ᵉ EXERCICE.

Faire l'analyse logique des propositions suivantes.

1. La terre nourrit l'homme.
2. Je finis mon devoir.
3. Le maréchal ferre les chevaux.
4. Noé a construit l'arche.
5. Christophe Colomb a découvert l'Amérique.
6. Le tigre déchire sa proie.
7. Je prierai Dieu.
8. La Seine arrose Paris.
9. La poule pond des œufs.
10. Le feu purifie l'air.
11. Vous soulagez les pauvres.
12. La pluie féconde la terre.
13. Ces élèves sont menteurs.
14. Etes-vous chrétiens ?
15. Avez-vous ensemencé vos champs ?
16. Esope était bossu.

17. Il était spirituel.
18. Il a écrit des fables admirables.
19. La Grèce fut sa patrie.
20. Le soleil éclaire la terre.
21. Savez-vous vos leçons.
22. Récitez-les.
23. Soyez pieux.
24. Les tricheurs sont des voleurs.
25. Vos parents désirent votre bonheur.
26. Ils vous chérissent.
27. J'ai rencontré un bon vieillard.
28. Je l'ai salué.

Du complément indirect.

184. Le *complément indirect* est un ou plusieurs mots *complétant*, c'est-à-dire *achevant* le sens du verbe, *à l'aide d'une préposition exprimée ou sous-entendue*, telle que *à*, *de*, *pour*, *sur*, etc.

Il répond à la question *à qui*, *à quoi*, *de qui*, *de quoi*, *pour qui*, *pour quoi*, etc., faite *après le verbe*.

Ex. : J'écrirai à mon ami.

J'écrirai *à qui?* Réponse : *à mon ami.* Le *complément indirect* du verbe est *à mon ami.*

ÉCRIVEZ - LUI.

Ecrivez *à qui ?* Réponse : *à lui* (*à* sous-entendu). Le *complément indirect* du verbe est *lui.*

3ᵉ Modèle d'analyse logique.

JE DONNERAI UN LIVRE A L'ÉLÈVE STUDIEUX.

Le verbe est *donnerai.*

Qui donnera ? Réponse : *je*. Le sujet du verbe est *je*.

Je donnerai qnoi ? Réponse : *un livre*. Le complément direct du verbe est *un livre*.

Je donnerai un livre à qui ? Réponse : *à l'élève studieux*. Le complément indirect du verbe est *à l'élève studieux*.

283ᵉ EXERCICE.

Faire l'analyse logique des proposition suivantes :

1. Le péché donne la mort à l'âme
2. Une bonne action remplit le cœur de joie.
3. J'ai offert une fleur à ma mère.
4. Les bonnes pensées viennent de Dieu.
5. J'ai donné une récompense à cet élève.
6. Dieu parla à Adam.
7. Abel offrit à Dieu ses plus belles brebis.
8. Le facteur a apporté une lettre pour ma sœur.
9. Cette lettre vient de son amie.
10. Le Seigneur détruisit le genre humain par le déluge.
11. Ces petits polissons jettent des pierres aux passants
12. Le créateur a tiré notre âme du néant.
13. Votre paresse vous attirera des punitions.
14. La fourmi laborieuse donne un bon exemple aux hommes.
15. Dieu fit le monde par sa parole.
16· Ma mère m'a appris une belle fable.
17. Je la réciterai à mon professeur.
18. Il me donnera un bon point.
19. Tu fus maussade.
20. L'Algérie appartient à la France.
21. Fais l'aumône aux malheureux.

22. Les abeilles tirent leur miel des fleurs.
23. Je prête ce livre instructif à mon ami.
24. Il le lira.
25. Dieu est éternel.
26. Portez cet outil à votre père.
27. Paul et Edouard sont négligents.
28. La rosée rend la fraîcheur aux plantes.
29. Offrez votre travail à Dieu.
30. Le mineur tire le charbon de la terre.
31. Le bon fils obéit à ses parents.
32. Vous ne retiendrez pas à l'ouvrier son salaire.
33 J'ai reçu ce présent de mon ami.
34. As-tu réservé quelques poires pour ton frère ?
35. Dieu donne la pâture aux petits oiseaux.
36. Le cerf est léger.
37. Je vous félicite de votre bonne action.
38. Toute bonne action nous procure du plaisir.
39. Abel fut tué par Caïn.
40. Le Seigneur fut irrité contre le fratricide·
41. Nous vous écrirons quelques lignes.
42. Tu t'abandonnes à tes mauvais penchants.
43. Ils te perdront.
44. Le loup m'a ravi une brebis.
45. La terre est ronde.
46. Noé fut sauvé du déluge.
47. Vos maîtres vous instruisent.
48. As-tu cueilli ce bouquet pour ta mère ?
49. Le lui offriras-tu ?
50. L'enfant cède sa place au vieillard.

Du complément circonstanciel.

185. Le *complément circonstanciel* est un ou plusieurs mots marquant les diverses *circonstances* de *lieu*, de *temps*, de *manière*, qui accompagnent l'action exprimée par le verbe.

Il répond à l'une des questions *où? quand? comment?* Exemples :

JE VAIS A PARIS.

Je vais *où?* Réponse : *à Paris.*
A Paris est un *complément circonstanciel de lieu.*

JE PARTIRAI DANS HUIT JOURS.

Je partirai *quand?* Réponse : *dans huit jours. Dans huit jours* est un *complément circonstanciel de temps.*

JE VOYAGERAI EN CHEMIN DE FER.

Je voyagerai *comment?* Réponse : *en chemin de fer. En chemin de fer* est un *complément circonstanciel de manière.*

284e EXERCICE.

Faire l'analyse logique des propositions suivantes.

1. Mon frère est sorti avant l'heure.
2. Je me promènerai dans la campagne.
3. Je passerai par votre jardin.
4. Mon père voyage à pied.
5. Dieu créa le monde en six jours.
6. Alexandre-le-Grand trancha le nœud gordien avec son épée.
7. Saint-Louis mourut de la peste en Afrique.
8. Irez-vous à Madrid ?
9. Saint-Pierre et Saint-Paul souffriront le martyre à Rome, sous Néron.
10. La lune éclaire le voyageur pendant la nuit.
11. La grenouille vit dans l'eau et sur la terre.

12. Les hiboux se plaisent dans les ténèbres.
13. Nous entrons en classe à huit heures.
14. Nous en sortons à onze heures.
15. La Seine passe à Paris.
16. Elle prend sa source dans le département de la Côte-d'Or.
17. Elle se jette dans la Manche par une large embouchure.
18. Les Pyrénées sont situées entre la France et l'Espagne.
19. L'arc-en-ciel se montre après l'orage.
20. Nous obtenons la miséricorde divine par Jésus-Christ.

Du complément déterminatif.

186. On appelle *complément déterminatif* celui qui vient *déterminer*, *préciser* le sens soit du *sujet*, soit de l'*attribut*, soit même d'un autre *complément*. Exemples :

L'AMI DE MON FRÈRE EST MALADE.

Ces mots : *de mon frère*, qui déterminent de *quel ami* il est question, sont le *complément déterminatif* du sujet.

J'AI LU L'HISTOIRE DE FRANCE.

Ces mots : *de France*, qui déterminent de *quelle histoire* il est question, sont le *complément détermatif* du complément direct.

4e Modèle d'analyse logique (1).

L'OUBLI DE LA RELIGION CONDUIT L'HOMME A
L'OUBLI DE TOUS SES DEVOIRS.

Le verbe est *conduit.*
Le sujet du verbe est *l'oubli.*
De la religion, complément déterminatif du sujet.
Le complément direct du verbe est *l'homme.*
Le complément indirect du verbe est *à l'oubli.*
De tous ses devoirs, complément déterminatif du complément indirect.

285e EXERCICE.

Faire l'analyse logique des propositions suivantes.

1. La bonté de Dieu est finie.
2. Les frères de Joseph le vendirent à des marchands ismaélites.
3. Les fables de La Fontaine sont admirables.
4. Les rugissements du lion épouvantent la tendre gazelle.
5. Cet élève laborieux a obtenu les éloges de son maître.

---

(1) Les élèves doivent avoir maintenant une assez grande habitude de faire les questions du sujet, de l'attribut et des compléments pour qu'on les dispense désormais de les écrire. On peut donc leur demander, pour abréger leur travail, d'écrire seulement les réponses à ces questions, comme dans le 4e modèle ci-dessus. Dans ce cas, il sera facile, lors de la correction orale de l'analyse, de s'assurer si les diverses parties de la proposition n'ont pas été indiquées au hasard. Toutefois le maître reste juge de l'opportunité de la modification.

6. L'Evangile nous commande l'oubli des injures.
7. Ouvrons-nous la porte du ciel par nos vertus.
8. La rose est la reine des fleurs.
9. J'ai rencontré l'ami de votre frère.
10. Jules a obtenu le prix de calcul.
11. Le bon fils jouit de l'affection de ses parents.
12. L'approche du loup cause l'effroi de la brebis.
13. La crainte du Seigneur est le commencement de la sagesse.
14. L'arche de Noé s'arrêta sur le mont d'Ararat.
15. Le péché d'Adam est la source première de nos misères.
16. Le bonheur des enfants fait celui des parents.
17. Le Seigneur voit le fond des cœurs.
18. Il connaît le mobile de toutes nos actions.
19. La laine des brebis sert à la fabrication du drap.
20. L'histoire de France est intéressante.
21. Le chant de l'alouette réjouit l'oreille du laboureur.
22. Les hirondelles annoncent le retour du printemps.
23. La route de la vertu est le chemin du ciel.
24. Le cri de notre conscience nous avertit de nos fautes.

DE LA PHRASE.

187. On donne le nom de *phrase* à une ou à plusieurs *propositions* présentant un *sens complet*. Exemples :

DIEU EST BON.

**L'ENNUI EST UNE MALADIE DONT LE TRAVAIL
EST LE REMÈDE.**

188. Il y a dans toute *phrase* autant de *propositions* qu'il y a de verbes à *un mode personnel.* Ex. :

**CET ÉLÈVE AURAIT PU RÉCITER SA LEÇON S'IL
L'AVAIT MIEUX ÉTUDIÉE.**

Cette phrase se compose de *deux propositions* parce
qu'elle renferme deux verbes à *un mode personnel :*
1° Aurait pu (*Cond. passé*); 2° avait étudiée (*Ind.
Plus-que-parfait*).
Le verbe *réciter* n'indique pas une proposition,
car il est à l'*infinitif, mode impersonnel.*

5° Modèle d'analyse logique.

**LA MODESTIE DONNE DU RELIEF A TOUS LES
TALENTS; ELLE REHAUSSE L'ÉCLAT DES VERTUS
QU'ELLE ACCOMPAGNE.**

Cette phrase renferme *trois* propositions.

1re proposition :

La modestie donne du relief à tous les talents.

Le verbe est *donne.*
Le sujet du verbe est *la modestie.*
Le complément direct du verbe est *du relief.*
Le complément indirect du verbe est *à tous les
talents.*

2ᵉ proposition :

Elle rehausse l'éclat des vertus.

Le verbe est *rehausse.*
Le sujet du verbe est *elle.*
Le complément direct du verbe est *l'éclat.*
Des vertus, complément déterminatif du complément direct.

3ᵉ proposition :

Qu'elle accompagne.

Le verbe est *accompagne.*
Le sujet du verbe est *elle.*
Le complément direct du verbe est *que* (mis pour *vertus*).

6ᵉ Modèle d'analyse logique.

L'ENFANT QUI EST PARESSEUX SE PRÉPARE DES REGRETS AMERS.

Cette phrase renferme *deux propositions.*

1ʳᵉ proposition :

L'enfant se prépare des regrets amers.

Le verbe est *prépare.*
Le sujet du verbe est *l'enfant.*
Le complément indirect du verbe est *se* (mis pour *à soi*).
Le complément direct du verbe est *des regrets amers.*

2ᵉ proposition :

Qui est paresseux.

Le verbe est *est.*
Le sujet du verbe est *qui* (mis pour *enfant*).
L'attribut du sujet est *paresseux.*

286ᵉ EXERCICE.

Faire l'analyse logique des phrases suivantes :

1. La patience est amère, mais son fruit est doux.
2. Les cieux racontent la gloire de Dieu, et le firmament publie les ouvrages de ses mains.
3. L'ennui est une maladie dont le travail est le remède.
4. J'exclus de mon cœur toutes les pensées haineuses ; elles le souilleraient et empoisonneraient tout mon bonheur.
5. Le maître récompense les élèves qui soignent leurs devoirs et qui étudient leurs leçons.
6. Les enfants qui sont négligents méritent des punitions.
7. J'aime les petits oiseaux et je les protége, car ils détruisent les insectes nuisibles.
8. Dieu nous voit et nous entend ; au dernier jour, il jugera nos actions qu'il récompensera si elles sont bonnes, et qu'il punira si elles sont mauvaises.
9. Le Seigneur nous pardonnera nos offenses comme nous pardonnons à ceux qui nous ont offensés.
10. Le flatteur vit aux dépens de celui qui l'écoute.
11. La lettre que vous avez écrite était illisible.

12. J'ai reçu le livre que vous m'avez envoyé ; je l'ai lu , puis l'ai prêté à Gustave.
13. Remercions Jésus-Christ et aimons-le pour les tourments qu'il a endurés pour nous.
14. L'homme qui néglige ses devoirs envers Dieu est un ingrat qui oublie son bienfaiteur.
15. Celui qui donne aux pauvres prête à Dieu.
16. Les amis que cet enfant fréquente sont vertueux et lui donnent de bons conseils.

DE L'ANALYSE GRAMMATICALE.

189. *L'analyse grammaticale* consiste à indiquer : 1º *l'espèce* de chacun des mots d'une phrase ; 2º le *genre* et le *nombre* pour le *nom*, *l'article*, *l'adjectif* et le *pronom* ; — la *personne*, le *nombre*, le *temps*, le *mode* et la *conjugaison* pour le *verbe*.

TABLEAU DES ABRÉVIATIONS

A EMPLOYER POUR L'ÉCRITURE DES TERMES DE L'ANALYSE GRAMMATICALE.

Termes :	Ecrivez seulement :
Nom commun	*n. c.*
Nom propre	*n. p.*
Masculin singulier	*m. s.*
Masculin pluriel	*m. p.*
Féminin singulier	*f. s.*
Féminin pluriel	*f. p.*
Article simple	*art. simp.*

Termes :	Ecrivez seulement.
Article élidé	*art. él.*
Article contracté	*art. cont.*
Adjectif qualificatif	*adj. qual.*
Adjectif démonstratif.	*adj. dém.*
Adjectif possessif.	*adj. poss.*
Adjectif numéral	*adj. num.*
Adjectif indéfini	*adj. ind.*
Pronom personnel.	*pron. per.*
Pronom relatif.	*pron. rel.*
Se rapporte	*se rapp.*
Antécédent.	*ant.*
Verbe actif.	*v. act.*
Verbe passif	*v. pass.*
Verbe neutre	*v. neut.*
Verbe pronominal essentiel.	*v. pr. es.*
Verbe pronominal accidentel	*v. pr. acc.*
Verbe unipersonnel	*v. unip.*
Première conjugaison.	*1re conj.*
Deuxième conjugaison.	*2e conj.*
Première personne du singulier.	*1re p. s.*
Deuxième personne du pluriel.	*2e p. p.*
Indicatif.	*ind.*
Conditionnel.	*cond.*
Impératif.	*impér.*
Subjonctif	*subj.*
Infinitif	*inf.*
Présent	*prés.*
Imparfait.	*imp.*
Passé défini.	*pas. déf.*
Passé antérieur.	*pas. ant.*
Plus-que-parfait.	*p.-q.-parf*
Futur.	*fut.*

Modèle d'analyse grammaticale.

LA	art. simp. f. s. se rapp. à modestie.
MODESTIE	n. c. f. s.
DONNE	v. act. 3e p. s. ind. prés. 1re conj.
DU	art cont. (mis pour de le) m. s. se rapportant à relief.
RELIEF	n c. m. s.
A	préposition.
TOUS	adj. ind. m. p. se rapp. à talents.
LES	art. simp. m. p. se rapp. à talents.
TALENTS ;	n. c. m. p.
ELLE	p. pers. 3e p. s. f. (mis p. modestie).
REHAUSSE	v. act. 3e p. s. ind. prés. 1re conj.
L'	art. él. (mis pour le) m. s. se rapp. à éclat.
ÉCLAT	n. c. m. s.
DES	art. cont. (mis pour de les) f. p. se rapportant à vertus.
VERTUS	n. c. f. p. ant. de que.
QU'	pron. rel. f. p.
ELLE	p. per. 3e p. s. f. (mis pour modestie).
ACCOMPAGNE	v. act. 3e p. s. ind. prés. 1re conj.

287e EXERCICE.

Faire l'analyse grammaticale des phrases suivantes

1. La jeunesse est le seul moment de la vie où l'homme peut se corriger facilement de ses défauts.
2. Napoléon entra victorieux dans presque toutes les capitales de l'Europe.
3. Nous devons aimer et soulager les pauvres puisqu'ils sont nos frères.

4. Le bonheur consiste principalement à s'accommoder à son sort , et à vouloir être ce que l'on est.

5. Soyez discrets dans vos paroles, car tout grand parleur se fait mépriser et s'attire souvent de tristes affaires.

6. Un métier vaut un fonds de terre ; une profession est un emploi qui réunit honneur et profit

7. L'oisiveté ressemble à la rouille ; elle use beaucoup plus que le travail : la clef dont on se sert est toujours claire.

8. Celui qui a pitié du pauvre prête au Seigneur à intérêt ; le Seigneur lui rendra ce qu'il lui aura prêté.

9. Je vous exhorte à mettre l'amitié au-dessus de tous les biens après la vertu , qui doit avoir le premier rang, et qui est la base de l'amitié même.

10. La France renferme quatre-vingt-neuf départements ; chacun d'eux comprend plusieurs arrondissements ; chaque arrondissement se partage en cantons, et chaque canton se divise en communes.

11. Faites l'aumône selon vos moyens ; donnez beaucoup si vous possédez beaucoup, et peu si vous avez peu , mais donnez toujours de bon cœur.

12. Celui, dit Jésus-Christ , qui donnera , en mon nom, un verre d'eau froide à un pauvre, en obtiendra la récompense dans le ciel.

13. Les suites de l'ignorance sont d'une extrême conséquence ; l'oisiveté en est le premier fruit, et de l'oisiveté naissent tous les vices.

14. Le temps bien ménagé est beaucoup plus long que n'imaginent ceux qui ne savent guère que le perdre.

15. On ne peut voir la vertu sans l'aimer, et on ne peut l'aimer sans être heureux.

16. Si nous n'avions point de défauts, nous ne prendrions pas tant de plaisir à en remarquer dans les autres.

17. Le plus grand plaisir qu'un honnête homme puisse ressentir est celui de faire plaisir à ses amis.

18. Ne faites pas à autrui ce que vous ne voudriez pas qui vous fût fait.

19. Un homme sage est au-dessus de toutes les injures qu'on lui peut dire ; et la grande réponse qu'on doit faire aux outrages, c'est la modération et la patience.

20. La beauté du corps est une fleur qui s'épanouit le matin et qui, le soir, est flétrie et foulée aux pieds ; mais l'âme est l'image de la beauté immortelle de Dieu.

FIN.

Douai. — Imprimerie Duthillœul et Laigle.

TABLE DE MULTIPLICATION.

2 fois	1 font	2	4 fois	1 font	4	6 fois	1 font	6	8 fois	1 font	8
2	2	4	4	2	8	6	2	12	8	2	16
2	3	6	4	3	12	6	3	18	8	3	24
2	4	8	4	4	16	6	4	24	8	4	32
2	5	10	4	5	20	6	5	30	8	5	40
2	6	12	4	6	24	6	6	36	8	6	48
2	7	14	4	7	28	6	7	42	8	7	56
2	8	16	4	8	32	6	8	48	8	8	64
2	9	18	4	9	36	6	9	54	8	9	72
3 fois	1 font	3	5 fois	1 font	5	7 fois	1 font	7	9 fois	1 font	9
3	2	6	5	2	10	7	2	14	9	2	18
3	3	9	5	3	15	7	3	21	9	3	27
3	4	12	5	4	20	7	4	28	9	4	36
3	5	15	5	5	25	7	5	35	9	5	45
3	6	18	5	6	30	7	6	42	9	6	54
3	7	21	5	7	35	7	7	49	9	7	63
3	8	24	5	8	40	7	8	56	9	8	72
3	9	27	5	9	45	7	9	63	9	9	81